rter

Love

Gangster

of Love

Gangster

of Love

Über die Autorin:
Simone Buchholz, geboren 1972, lebt in Hamburg und schreibt als freie Autorin für verschiedene Magazine über die Beziehung zwischen Männern und Frauen. Ihr Debütroman *Revolverherz* erschien im Frühjahr 2008 bei Droemer. Heute hat sie den perfekten Mann gefunden: Einen entspannten Asphaltcowboy, der sich nichts mehr beweisen muss.

SIMONE BUCHHOLZ

Gangster
of Love

**Warum Frauen
immer auf die
falschen Männer stehen**

Knaur Taschenbuch Verlag

Besuchen Sie uns im Internet:
www.knaur.de

Originalausgabe Februar 2009
Copyright © 2009 by Knaur Taschenbuch.
Ein Unternehmen der Droemerschen Verlagsanstalt
Th. Knaur Nachf. GmbH & Co. KG, München.
Alle Rechte vorbehalten. Das Werk darf – auch teilweise –
nur mit Genehmigung des Verlags wiedergegeben werden.
Redaktion: Franziska Beyer
Umschlaggestaltung: ZERO Werbeagentur, München
Umschlagabbildung: zefa/Corbis/ Jonny Le Fortune
Satz: Adobe InDesign im Verlag
Druck und Bindung: CPI – Clausen & Bosse, Leck
Printed in Germany
ISBN 978-3-426-78132-6

5 4 3 2 1

Für alle Männer,
die mein Herz haben höherschlagen lassen,
und sei es nur für den Augenblick gewesen.
Und natürlich: für Rocco,
die vermutlich größte Liebe meines Lebens•

Inhalt

Vorwort

Es gibt Menschen, die leben ihre Träume aus, und es gibt andere, die schauen ihnen dabei zu. Die einen machen, die nächsten zögern. Die einen fallen auf die Schnauze und stehen wieder auf, die anderen sitzen auf dem Sofa, blättern in Illustrierten und sagen: »Schau mal, wie hübsch!«

Was ich sagen will: Streng genommen war es nicht Simone Buchholz, die die Idee zu diesem Buch hatte – Simone Buchholz hatte sicher gerade etwas Besseres zu tun –, nein, es war eine Redakteurin des »Süddeutsche Zeitung Magazins«.

Woher ich das weiß? Ich war dabei. Es war Donnerstagvormittag gegen elf, Themenkonferenz, als eine junge Kollegin all ihren Mut zusammennahm: »Man müsste mal was über Typen machen, die eigentlich nicht gehen, die man aber trotzdem sexy findet«, sagte sie, »ihr wisst schon, diese unrasierten Männer, denen man hinterherschaut, die man aber nie im Leben den Eltern vorstellen würde, weil die Jeans riecht, oder noch schlimmer: der Typ selbst.«

Ich wusste sofort, was für einen Schlag Männer sie meinte, ich bewunderte die doch selbst heimlich, diese dahergelaufenen Exemplare, die Rasierwasser benutzen, das bei mir immer Hautreizungen verursacht. Die so unverschämt cool eine Straße entlanglaufen, dass man nie auf den Gedanken käme, sie würden auch nur einmal in ihrem Leben auf jemanden warten. Typen, die sogar dann aussehen, als hätten sie eine Kippe in der Hand, wenn sie gar nicht rauchen. Typen, die immer Täter, nie Opfer sind. Typen, auf die ich immer auch ein bisschen neidisch bin, weil ich mir neben ihnen vorkomme wie ein langweiliger Horst in Bundfaltenhose.

Was ich nicht wusste: dass anscheinend jede meiner Kolleginnen sich seit Jahren Gedanken über diesen Typus Mann machte, dass jede eine kleine Geschichte, ein Erlebnis, eine Meinung beizusteuern hatte. Auf jeden Fall war die Debatte hitzig wie lange nicht mehr und der Arbeitstitel schnell gefunden: »Faszination Straßenköter«.

Ein Thema, zu dem jeder eine Meinung hatte. Es

wurde geschimpft, gelästert, geschwärmt, es fielen Schlagwörter wie »Cowboystiefel«, »alter Anzug«, »Benicio del Toro«, »brutal«, »zärtlich«, »O-Beine«, »rücksichtslos«, »unberechenbar« und »Gentleman«. Outfits wurden diskutiert, Freundeskreise durchgescannt, Anekdoten zum Besten gegeben, und einige meiner Kolleginnen erschienen mir so lebendig wie seit Jahren nicht mehr: zum Beispiel Kollegin T., die sonst sehr gern von ihrem Kräutergarten im Voralpenland erzählt, oder Kollegin G., die eigentlich viel zu emanzipiert und unabhängig ist, um sich von irgendeinem Mann den Kopf verdrehen zu lassen, stimmten in die Straßenköter-Hymne ein. Beim Thema »Straßenköter« hatten sie ihre Gemeinsamkeit, ihre Schwäche, ihr Schicksal gefunden. Für mich ein äußerst interessanter Moment, der leider jäh vom Chef unterbrochen wurde: »Gutes Thema«, sagte er, »aber wer schreibt es auf?« Das war der Moment, in dem Simone ins Spiel kam. Und das, obwohl sie gar nicht hier, sondern wahrscheinlich irgendwo in Hamburg war und verkatert im Bett lag, am Hafen Schiffe anschaute, in Övelgönne im Sand saß oder vielleicht auch am Schreibtisch konzentriert irgendeinen Satz formulierte, der später mal jemanden ins Herz treffen würde. So unberechenbar ist Simone Buchholz, eine der wenigen Personen, die bunter und spannender als das Leben sind, die nicht gern in Konferenzräumen sitzen, weil ihnen die Luft dort zu stickig ist.

Dann ging alles sehr schnell, es müssen Sekundenbruchteile gewesen sein, aber ich wusste, dieses Thema, das durfte nicht von Kollegin D. und auch nicht von Kollegin G. bearbeitet werden. Schon klar, beide kannten solche Typen, hatten ein paar davon im Freundeskreis und vielleicht sogar schon mal in ihrem Bett gehabt, aber trotzdem: Am Ende hatten sie sich doch für die Sofagarnitur und den praktischen Viertürer entschieden. Ich wusste, so ein Thema musste man mit Leidenschaft schreiben, mit Erfahrung und mit Herz, und ich kannte da eine, für die waren Straßenköter ein Lebenselixier und kein Forschungsobjekt, das man mit der Pinzette anfasst und mal ausprobiert, um zu sehen, wie es schmeckt, sondern eine Droge, ein Schicksal. Eine Frau, so leidenschaftlich und kompromisslos, dass sie nie von selbst auf das Magazinthema

»Straßenköter« hätte kommen können, weil Straßenköter für sie seit sechsunddreißig Jahren ein Lebensthema sind, weil sie seit sechsunddreißig Jahren mit dem Versuch beschäftigt ist, solche Typen zu zähmen, ohne ihnen die Wildheit zu nehmen, weil sie sich immer wieder in diese Stadtcowboys verliebt, ohne Kalkül, mit Haut und Haar, in letzter Konsequenz, ganz einfach, weil die anderen mit ihrer Geschwindigkeit nicht mithalten können.

Früher, als ich noch häufiger in ihrer Wohnung in Hamburg vorbeigeschaut habe, wo immer ein freies Bett für mich stand, hatte sie mir jedes Mal Geschichten von Männern erzählt, gegen die ich mir wie ein kleiner Austauschschüler vorgekommen bin. Sie hat mir einen Salat gemacht, mit Erdbeeren und Walnüssen darin, hat mir ein kaltes Bier hingestellt, und los ging's: von Männern in abgewetzten Trenchcoats, die in der einen Hand eine Kippe, in der anderen eine Zange hielten, mit der sie einen Rohrbruch reparierten. Von Männern, die bei ihr in der Kneipe saßen, wenig redeten und viel tranken, von Männern, die immer Geld für eine Rose beim Italiener, aber nie für die nächste Tankfüllung hatten. Einmal zeigte sie mir ein Foto von ihrer neusten Eroberung. Das heißt, es war überhaupt kein Foto, es war eine Autogrammkarte. Ja wirklich, dieser Typ hatte eine Autogrammkarte – als Fotograf! Und das Beste: Er sah überhaupt nicht lächerlich aus, sondern lässig, hatte ein bisschen was ironisches, aber nicht zu viel. Er hatte ein »von« im Namen, genügend Mut, es stehen und sich in einem klassischen schwarzen Anzug fotografieren zu lassen, mit einem irgendwie unfrisierten Kopf und einem Gesichtsausdruck, der ehrlich und unangepasst war. Schon in diesem Moment war mir klar, dass das keine Beziehung für die Ewigkeit wird.

Und doch hat sie es immer wieder probiert, ohne jemals auf diese Männer hereinzufallen. Sie wusste jedes Mal, worauf sie sich einlässt. Sie ist nicht naiv, sie hat ein großes Herz, das ist ein Unterschied. Sie mag Männer, die ein altes Auto haben, in dem es nach Kippen riecht, sie mag Männer, die für sie von Amsterdam nach Hamburg fahren, notfalls mit dem Fahrrad, sie mag Männer, deren Finger so voller Hornhaut sind, dass sie nie die Tasten auf

einem Blackberry treffen würden. Sie mag Männer, die sich trauen »Ich liebe dich« zu sagen, egal, ob sie am nächsten Tag noch da sind oder nicht. Denn zählen tut nur dieser eine Moment. In dem sollen sie es meinen, da sollen sie ehrlich sein. Der Rest ist egal, der Rest ist einer wie ihr immer egal.

»Simone Buchholz soll den Text schreiben«, rief ich in die Runde. Und alle waren einverstanden. Nicht jeder am Tisch kannte sie persönlich, aber alle schienen zu ahnen, das ist eine Autorin, die diesen Text aufschreiben kann wie keine Zweite. Alle schienen zu spüren: Sie ist die Richtige.

Sie war die Richtige, der Text wurde gedruckt, ein hervorragender, leidenschaftlicher, intensiver Text. Vor drei Monaten rief Simone mich an. Sie hatte Neuigkeiten: Sie sei schwanger, bald sei es so weit, und sie habe aus dem Straßenköter-Artikel ein ganzes Buch gemacht. Gleichzeitig fragte sie mich, ob ich ein Vorwort dafür schreiben würde. Hier ist es, und ein paar Tage bevor ich den letzten Satz in mein Notebook tippte, erhielt ich folgende SMS auf mein Handy:

»there´s a new man in town: heute morgen um kurz nach halb zehn kam rocco willem bruno in hamburg an. 49 cm lang, 3130 gramm schwer, schwarze Locken. Erstaunt und verknallt: domenico und simone.

Glückwunsch, dachte ich mir, jetzt hat sie also zwei von den Typen.

Tobias Haberl

Alibis, Entschuldigungen, Erklärungen

Die Frage ist, ob das schlimm ist: Millionen von Frauen stehen auf Männer, die im Grunde gar nicht gehen. Typen, vor denen sie – modern und unabhängig, wie sie sind – eigentlich schreiend weglaufen sollten. Vor denen schon ihre Mütter sie gewarnt haben, und die waren noch lange nicht so selbstbestimmt. Und doch passiert es fast jeder Frau mindestens einmal im Leben, manchen (mir) sogar an die gefühlte hundert Mal, dass sie ihr Herz an einen klassischen Straßenköter verliert. An eine räudige, altmodische Mischung Mann.

Die Zutaten: Ein widerspenstiges Herz und der Geruch der Straße, eine streng geheime Schwäche für Romantik, eine offensive Schwäche für Sex, die Überzeugung, dass das Wort Frauenbewegung was mit eben diesem Sex zu tun hat, eine Abneigung gegen Pflegeprodukte (Brillantine ist aber offensichtlich erlaubt), eine tiefsitzende Furcht vor

Beziehungsgesprächen und Siebenmeilenstiefel zum schnellen Wegrennen (falls es doch zu einem dieser Gespräche kommen sollte). Das ganze Produkt gibt es wahlweise ausgestattet mit verlebter Lederjacke oder dunklem Anzug, je nach gewünschtem Effekt.

Wäre so ein Mann ein Drink, wäre er wahrscheinlich einer mit Schnaps, der ziemlich brennt und dann schnell und heftig wirkt. Oder ein Bier der Marke Urtyp: schlicht, ohne Fisimatenten, wird meistens in der Flasche serviert, schmeckt vor allem gut gekühlt und mit Zigarette und vernebelt einem ordentlich das Gehirn. Und wenn man auch nur einen Schluck zuviel erwischt, ist es einem noch sehr lange schlecht. Wenn eine Frau sich in so einen Typen verliebt, wird ihr am Ende meist das Herz gebrochen. Ich habe deswegen schon unzählige Freundinnen beweint, und mich selbst natürlich auch. Andauernd.

Allerdings – bis es so weit ist, bis man heulend in der Ecke sitzt und das eine Bild zerschneidet, das man von ihm hat, kann der falsche Mann ein richtiges De-luxe-Ding sein. Denn: Sich so einem hin-

zugeben ist wirklich sehr aufregend. Und ungemein aufschlussreich. Da lernt man nämlich, wie das Prinzip Mann funktioniert, wozu er fähig ist, was er gut findet und was schlecht, und überhaupt – wie der andere Teil der Menschheit so drauf ist. Vielleicht ist es genau das, was den Reiz dieser Typen ausmacht. Sie sind das eindeutige Gegenüber, das, was klar und deutlich zu spüren, aber nie zu verstehen ist; sie sind all das, was Frauen meistens nicht sind: sperrig und kantig, aus einem porösen Holz geschnitzt, ihr Blick ist immer ein bisschen Porno, und wenn sie einen Stein sehen, müssen sie ihn treten. Sie sind unverdünnt männlich, wunderbar unerzogen und nicht domestiziert. Eigensinnige Streuner, zottelige, schmutzige Tierchen ohne Zuhause und ohne Benehmen und auch noch stolz darauf. Wesen, die mit Frauen nicht reden wollen, sondern schlafen. Typen, die sich auf dem Asphalt wohlfühlen und deren Gesichter aussehen wie ungemachte Betten. Wenn sie einen anschauen, wird man rot oder sonstwie nervös. Und fühlt sich so weiblich, wie es im 21. Jahrhundert nur noch sehr selten möglich ist.

Gut. Hört sich natürlich irgendwie sexy an, vor allem, wenn man gerade nicht betroffen ist. Aber eigentlich müsste man sagen: So ein Typ ist doch echt von vorgestern. Und wer auf die Nummer noch steht, hat den Schuss nicht gehört.

Ich würde das offiziell auch sofort so unterschreiben. Keine Frau sollte sich mit einem Mann einlassen, der nicht in der Lage ist, sie als das anzusehen, was sie ist: ihm gleich. Zwischen Frauen und Männern einen Unterschied zu machen ist eine Frechheit und absolut inakzeptabel. Offiziell.

Inoffiziell aber – und wir sind hier ja unter uns, oder? – frage ich:

Hey. Wo bleibt denn da das Vergnügen?

Das ist natürlich pervers. Denn ich bin ja eigentlich eine von denen, die immerzu von Unabhängigkeit und Frauenstärke predigen und einen ungezähmten, eigenwilligen Geist propagieren. Meine Freundinnen und alle, die es sonst wissen wollen, oder auch nicht, kriegen zu hören:

Ihr habt manchmal keine Lust auf euren festen Job?

Kündigt!

Ihr langweilt euch gerade mit eurem Mann/
Freund/Liebhaber?

Verlasst ihn!

Ihr könnt eure Wohnzimmergardinen nicht
mehr sehen?

**Wechselt die Stadt! Oder am besten gleich das
Land!**

Ein Mann denkt, er ist euch überlegen?

Lacht ihn aus!

Irgendjemand behandelt euch nicht wie eine
Königin?

Haut ihm eine rein!

So sehe ich das, wirklich.

Und gleichzeitig verliere ich ziemlich schnell
den Kopf, wenn ein Tier von einem Mann vor mir
steht, je neandertaler, desto besser. Neulich erst
wieder. Da stand ein Polizist in meiner Wohnung,
Sonntagmorgen um halb sieben, weil sich die Mexikaner im Hinterhof gegenseitig verprügelt haben.
Und der Polizist war nicht einfach nur ein Polizist.
Der war ein Paradebulle. Ein Gangster im Staatsdie-
nerkostüm. Offensichtlich einem Tarantino-Film
entsprungen. Eins neunzig groß, Modell Schrank,

dunkle Haare, Augen aus Stahl, unrasiert, dunkelblaue Uniform, roch ganz leicht nach Tabak und ein bisschen nach Old Spice. Da habe ich aber ganz schnell meine Brille abgesetzt und war kurz davor, den Mann an meiner Seite zu verleugnen. Während der in unserem Bett lag und schlief, wohlgemerkt. (Um noch deutlicher zu werden: Ich habe versucht, meinen Achter-Monat-Babybauch einzuziehen. Sie verstehen, was ich meine? Sehen Sie, es ist hoffnungslos.)

Das ist natürlich hochgradig gestört. Dieses Einerseits-andererseits-Ding. Einerseits unabhängig und emanzipiert sein wollen und das auch lautstark verkünden, andererseits auf niedere Signale aus der grauen Vorzeit reagieren.

Als mir zum ersten Mal auffiel, in welchem Widerspruch ich da mit mir selbst stehe – habe ich es verdrängt. Als es mir immer öfter auffiel, dachte ich, ich sollte deshalb mal zum Arzt gehen. Als ich mit ein paar anderen Frauen darüber sprach, dachte ich: Dann müssen die aber auch alle zum Arzt. Erstaunlicherweise geht es nämlich ganz vielen so. Ich habe dazu zwei Theorien:

1. Wir sind inzwischen so unabhängig im Kopf und fühlen uns so stark, dass es uns egal ist, ob ein Mann modern ist oder aus dem Wald kommt. Haben wir Bock auf ihn? Haben wir Bock auf ihn. Vermutlich fällt diese Erklärung aber unter die Kategorie »Ich rede mir da was schön«.

Wahrscheinlicher ist:

2. Es handelt sich um ein Großhirn-Stammhirn-Problem. Unser Verstand weiß Dinge und vertritt Überzeugungen, für die sich das Tier in uns nicht interessiert. Weil die Instinkte im Zweifel immer stärker sind als die Intelligenz, blinkt eben sofort die rote Alarmlampe in unserer Leistengegend, wenn einer vor uns steht, der die Instinkte anspricht. Und, meine Damen: Wir wissen genau, welche Typen das sind.

Die, die wir alle schon hatten, die Glücksgefühle provoziert haben, aber auch Tränen. Die keine von uns ihren Eltern vorstellen würde, weil wir wissen, unsere Väter würden ihre Waffen herausholen•

(Meiner erwähnte angesichts eines Typen, den ich sehr attraktiv fand, dass er den sogenannten »Handkantenschlag« beherrscht. Angeblich sofort tödlich.)

Und in unseren stillen Minuten gestehen wir uns, dass wir für diese Männer lebenslänglich anfällig sein werden, auch wenn ein Leben mit ihnen nicht in Frage kommt.

Vielleicht hilft dieses Buch ein bisschen dabei, das Dilemma locker zu sehen. Sich die Tränen, die wegen all der schlimmen Finger geflossen sind, noch mal ganz bewusst wegzuwischen. Sich stattdessen mit einem Grinsen an die Herren zu erinnern. Vielleicht sogar mit einem liebevollen Lächeln.

Denn es war doch nicht alles schlecht, oder?

Meine Gangster

Die coolste Sau
im ganzen Kindergarten

Wie es anfing, dieses Ding mit den unmöglichen Typen? Ich weiß es nicht mehr genau, es ist schon so lange her, mehr als dreißig Jahre ist das her. Mein Leben spielte im Kindergarten, ich trug noch kurze Hosen und, wenn ich Pech hatte, eine Schielbrille. Vielleicht geschah es beim Mittagessen, bei Spiegelei mit Spinat, und wir saßen uns zufällig gegenüber. Während des Mittagessens war ich damals immer sehr angespannt, denn danach zwangen uns die Kindergartentanten, eine unendlich lange Stunde zu schlafen, und das konnte ich nicht so gut. Ich hatte oft große Angst im Dunkeln, und dieser ewige Mittagsschlaf war eine verdammte Qual. Vielleicht brauchte ich einfach etwas, woran ich mich festhalten konnte, ein Gesicht, eine Zahnlücke, wer weiß? Vielleicht passierte es auch, als wir über den Spielplatz rannten und Lärm machten, bei Jungs-fangen-die-Mädchen•

Ich weiß wirklich nicht mehr, wann ich mich in ihn verliebt habe, wann ich zum ersten Mal bemerkt habe, dass mein Herz fast zerspringt, wenn er lacht. Aber ich erinnere mich noch ganz genau an das Gefühl, denn es war das erste dieser Art. Und es muss im Sommer gewesen sein. Noch heute rieche ich den Duft von warmem Gras, wenn ich an ihn denke.

 **Er** war klein, kleiner als ich, er war dünn, ein richtiger Spiddel, er war schnell und wendig und aufgekratzt. Und er war dunkel, Haare, Augen, Seele. Er war nicht so albern wie die anderen Jungs, er war keiner, der viel gelacht hat, und wenn er es doch tat, dann klang das irgendwie finster. Laut und unpassend und nicht besonders nett. Er hieß Mirko, und ich bilde mir ein, er war Kroate, aber auch das weiß ich nicht mehr so genau, als Kind merkt man sich so was ja nicht. Ich meine nur mich daran zu erinnern, dass seine Mutter mal mit meiner Mutter gesprochen hat, und da fiel das Wort »Zagreb«. Das Wort habe ich mir wohl gemerkt, weil es so fremd klang. Vieles an Mirko war fremd. Seine Haut hat-

Gangster of Love

te die Farbe von Olivenöl, seine Lippen waren von einem dunklen Rot, seine Zähne waren blitzeweiß, und seine Haare, die waren nicht ordentlich kurz und brav gescheitelt wie bei den anderen Jungs. Sie hingen ihm glänzend und total zottelig bis zum Kinn, und immer, wenn ihm eine Strähne in die Stirn fiel, schnickte er sie mit einer lässigen Bewegung nach hinten. Er war ehrlich gesagt die ganze Zeit am Schnicken, aber ich fand das gut•

Ich glaube, alle Mädchen im Kindergarten waren verknallt in Mirko. Er hatte immer eine richtige Entourage um sich herum. Mirko, schau mal, meine Zöpfe, schau mal, mein Kleidchen, schau mal, das habe ich für dich gebastelt. Mirko hier, Mirko da. Er behandelte sie allesamt gleich schlecht. Meist tat er einfach so, als wären sie gar nicht da. Mich beachtete er natürlich auch nicht. Aber ich beobachtete ihn. Am liebsten von der Schaukel aus. Ich sah, wie er über den Spielplatz rannte, wie er seine dünnen Beine schmiss, seine Haare zurückschnickte. Ich hörte, wie er mit seiner für einen kleinen Jungen ziemlich rauchigen Stimme die anderen Kinder anbrüllte, wie er sich auf keine Verhandlungen einließ, wie er alle vergrätzte und immer nur tat, wonach ihm war. Ich wunderte mich darüber, dass ihn trotzdem alle zu lieben schienen, dass ihm die Mädchen hinterherrannten und die Jungs ihn fasziniert anstarrten. Als wäre allein seine Gegenwart ein Abenteuer, das es wert ist, dafür einen gewissen Preis zu zahlen, nämlich: im Vergleich zu ihm immer uncool dazustehen.

Mir fiel auch auf, dass er sich hin und wieder zurückzog. Er hörte auf mit dem Rennen, zischte seinen Begleitern irgendwas zu, rannte ins Häuptlingszelt und kam da für mindestens eine halbe Stunde nicht mehr heraus. Das Häuptlingszelt war natürlich kein richtiges Häuptlingszelt. Es war eine kleine, aus Brettern zusammengezimmerte Hütte am linken oberen Rand des Spielplatzes vom Kindergarten, die ein bisschen aussah wie ein Tipi. So ein Ding zum Cowboy-und-Indianer-Spielen halt. Aber wie für alle Kinder, war auch für uns das Leben größer als für Erwachsene. Deshalb war das Tipi ein Häuptlingszelt. Und wenn Mirko darin war, traute sich niemand anders hinein.

All das beobachtete ich also eine Weile. Und eines Tages, vielleicht nach einem dieser fürchterlichen Mittagessen und einer dunklen, angstvoll durchwachten Schlafenszeit, ging ich hinein. Ich weiß bis heute nicht, woher ich den Mut dafür nahm, ich musste wohl einfach endlich mal mit diesem merkwürdigen Irrwisch Kontakt aufnehmen, denn ich war ihm längst verfallen, wenn bisher auch nur aus der Ferne. Ich rutschte von der Schaukel, bewegte mich unauffällig zum Häuptlingszelt, ging auf die Knie, kroch durch die Öffnung und war drin.

Die Nachmittagssonne fiel durch die Bretter, tauchte das Tipi in ein dunkles Orange, und in der Mitte, da wo kein Licht hinkam, saß Mirko und spielte mit Dreck. Er ließ den Staub durch seine Finger rieseln, immer wieder, und starrte düster vor sich hin. Mal den Kopf heben, nur weil ein Mädchen reingekrochen kommt? Ach was.

»Was machst du da?«, fragte ich.

Keine Antwort.

»Spielst du gerne mit Dreck?«

Nichts. Nur ein beiläufiges Haare-aus-der-Stirn-Schnicken.

»Darf ich mitspielen?«, fragte ich. Diese Frage hatte ich früh gelernt, ich war ein Einzelkind. Sie funktionierte normalerweise ganz gut, da bekam man immer irgendeine Antwort, und wenn es ein Nein war. Mirko zuckte nur mit den Schultern. Ich kroch ein Stückchen weiter ins Tipi hinein, hockte mich an die schräge Wand, kratzte ein bisschen Dreck vom Boden und ließ ihn durch meine Finger laufen. Die Sonnenstreifen ließen die Staubkristalle glitzern. Ich bildete mir ein, dass das gar kein so schlechtes Spiel ist. Mirkos Dreck funkelte nicht. Er saß ja im Dunkeln.

»Warum sitzt du im Dunkeln?«, fragte ich.

»Hör mal«, sagte er und schaute zu mir rüber. Seine Augen sahen aus wie zwei schwarze Murmeln.

»Du kannst hierbleiben, wenn du willst, aber du musst die Schnauze halten.«

»Mädchen halten ja eigentlich gar nicht so gern die Schnauze«, sagte ich.

Die beiden schwarzen Murmeln blickten grimmig. »Dann haste eben Pech.«

Ich blieb sitzen. Ich hielt die Schnauze. Ich machte mir weiter schön die Finger schmutzig. Ich

lächelte Mirko an, als er aus dem Tipi kroch und sagte: »Bis morgen.«

Er sagte: »Ich geh mal den Uli vermöbeln.«

Der Uli war ein schrecklicher Langeweiler, und auch wenn ich mir nicht sicher war, ob das ausreichte, um eine Tracht Prügel zu erhalten, schlich ich mich am nächsten Nachmittag wieder ins Häuptlingszelt. Mirko hatte ja schließlich nicht ausdrücklich gesagt, dass er was dagegen hat. Ich fühlte mich quasi eingeladen.

Ich denke, das war einer dieser entscheidenden Momente im Leben einer Frau. Aber das sollte ich erst viele, viele Jahre später begreifen.

Zunächst verbrachte ich ein wunderbares halbes Jahr mit Mirko. Vormittags rannten wir getrennt voneinander durch den Kindergarten, er terrorisierte die anderen Jungs, ich erzählte den anderen Mädchen, wie lieb ich ihn hatte und dass er mich bestimmt auch lieb hatte, und sie zeigten mir einen Vogel. Beim Mittagessen saßen Mirko und ich stets nebeneinander (immer von mir eingefädelt), und er aß meine Pfannkuchen. Die Schlafenszeit wurde zu meiner liebsten Stunde. Kaum war das Licht aus, kroch er zu mir ins Bett und sagte: »Rück mal●«

Er hatte eine Taschenlampe unter meine Matratze geschmuggelt. Wir sahen uns gemeinsam meine Pixi-Bücher an, heimlich, unter der Decke, und auch wenn es wieder mal nur um Karin ging, die leider zum Zahnarzt musste, machte Mirko eine astreine Piratengeschichte daraus, und ich gruselte mich und musste noch ein Stückchen näher an ihn heranrutschen. Am Nachmittag trafen wir uns dann im Tipi, die Sonne blinzelte durch die Ritzen, und wir spielten mit Dreck, wobei er nicht viel redete und ich die Schnauze hielt. Mein Leben erschien mir schrecklich aufregend und wunderbar bunt und verwegen. Ich war das glücklichste Mädchen im ganzen Kindergarten.

Eines Nachmittags wurde es dann allerdings ganz merkwürdig. Er hatte ein Geschenk dabei. Ich war baff. Denn auch, wenn ich damals noch nicht viel über Männer wusste, so viel war mir doch klar: Mirko war nun wirklich nicht der Typ, der einem Mädchen ein Geschenk macht●

»Hier«, sagte er, und gab mir ein kleines rosa Päckchen. Rosa. Verrückt.

»Was ist das?«, fragte ich.

»Für dich«, sagte er. »Pack ma' aus.«

Er saß in der Mitte des Tipis, im Dunkeln, wie immer. Ich saß am Rand, aber auch auf mich fiel an diesem Tag kein Licht, denn es regnete. Ich fummelte ungeschickt an dem Geschenkpapier herum, ich war so aufgeregt. Ein Geschenk. Für mich. Von der coolsten Sau im ganzen Kindergarten.

»Gib her«, sagte er und nahm mir das Päckchen ab. Er riss es einfach auf. Unter dem Papier kam ein buntes Glasperlenarmband zum Vorschein. Ich war überwältigt, wusste überhaupt nicht, was ich sagen sollte. Er nahm meine Hand und zog mir das Armband darüber. Es sah sehr schön aus.

»So gern hast du mich?«, fragte ich. Ich war fast so überwältigt wie an dem Tag, an dem ich zum ersten Mal mit meinen Eltern im Zoo war.

Er zuckte mit den Schultern.

»Meine Mutter hat gesagt, ich soll dir das schenken.«

Ach so. Seine Mutter.

»Warum?«, fragte ich.

»Weil wir umziehen«, erwiderte er und schnickte seine Haare aus der Stirn.

Wie? Umziehen? Ich begriff gar nichts.

»Wohin?«

»Nach Stuttgart«, sagte er.

Stuttgart. Ich war noch nie in Stuttgart gewesen. Stuttgart war unendlich weit weg. Heute weiß ich: So weit war das gar nicht. Zwei Autostunden vielleicht. Aber damals: unendlich. Am anderen Ende der Welt. Ich fing an zu zittern.

»Ist nicht so schlimm«, sagte er, »die haben da auch Fußball. Und Mercedes. Mein Vater bekommt da eine Arbeit. Mercedes ist super.«

Und dann ist er einfach abgehauen, verließ das Tipi, den Kindergarten, unsere Stadt. Als hätte es mich nie gegeben.

Ich hörte wochenlang nicht mehr auf zu heulen. In der naiven Hoffnung, einen neuen Ozean zu erschaffen, in dem ich mich dann ertränken konnte•

Der Gangster of Love im Kino:

George Clooney in »From Dusk Till Dawn«

Mir ist natürlich klar, dass alle Leute, denen ich erzähle, dass George Clooney eine großartige Drecksau ist, erst mal sagen: »Moment mal. Also bitte. George Clooney ist charmant, adrett und weiß sich zu benehmen. George Clooney ist der fleischgewordene, schlanksitzende Anzug. George Clooney ist doch Cary Grant!« Jein •

George Clooney kann das alles natürlich wahnsinnig gut, diese Nummer mit dem Smoking und dem Martiniglas, und das sieht besonders in »Ocean's Eleven« und in »Out of Sight« echt fabelhaft aus, aber gerade da blitzt in den allerbesten Augenblicken noch das andere in ihm auf, das Wilde, Unerzogene, Teerige, das, was ich meine. Denn auch der Gentleman Gangster bleibt ein Gangster, und genau das macht ihn so viel aufregender als den gewöhnlichen Gentleman.

Am aufregendsten aber wird es dann, wenn es umgedreht funktioniert: Wenn einem richtig krassen Verbrecher in gewissen Momenten ein kaum wahrzunehmender Hauch von etwas anderem umweht, nennen wir es erst mal: die Ahnung eines Gentleman. Das produziert echte Hotness. Und das ist es, was George Clooney am allerbesten kann.

Da muss man sich nur mal am Straps reißen und den Vampirschlachterfilm »From Dusk Till Dawn« ansehen. Ja, der wird im zweiten Teil zu einer schlimmen Sache, da kommen hundert Vampire und dann noch mal hundert und noch mal, und die sind alle wahnsinnig hässlich und nackt und doof und nervtötend, und es fließen Wagenladungen von Blut, und ohne Beruhigungsmittel ist das alles kaum auszuhalten.

Aber der erste Teil ist einfach nur gute, harte Tarantino-Rodriguez-Kost. Mit George Clooney in seiner besten Rolle als Seth Gecko, der aus den Staaten abhauen muss und im Begriff ist, sich mit ein paar Mexikanern zu treffen, um einen gefälschten Pass zu bekommen. Dabei landet er zufällig in einer (als Stripschuppen getarnten) schlimmen Blutsau-

gerhölle. Ganz ohne Pflegeprodukte und fast ohne Lächeln. Einfach komplett unfrisiert. Dafür aber mit Durchschlag und Schmackes und einer brillanten Coolness in den Augen. Und: der wohl beeindruckendsten Tätowierung der Filmgeschichte. Dieses düstere, entschlossene Ding, das von Clooneys Hals in seinen Anzugkragen drängt. Man sieht es sofort, wenn der Blick der Kamera zum ersten Mal auf George Clooney fällt, und man kann nicht mehr aufhören, darüber nachzudenken, wo das noch hinführt. Auf die Brust? Auf den Rücken? Ins Verderben? Ganz am Ende des Films, als er die Frage von Juliette Lewis, alias Kate, ob sie mit ihm kommen kann, verneint, weil er sie nicht in Schwierigkeiten bringen will (schönes Argument, nach einer eben überstandenen Schlacht gegen mehrere Hundert Vampire), zieht Clooney dann ENDLICH seine Jacke aus, und man kann das Tattoo in seiner ganzen Pracht bestaunen: Von seinem Hals aus erstreckt es sich über seine linke Schulter den ganzen Arm entlang. Auf der Schulter dreht es noch mal richtig auf, wird großflächig und massiv und wirkt ziemlich bedrohlich, bevor es am Arm dann elegant anfängt zu schlängeln. Am beeindruckendsten aber ist wohl der vordere Teil des Tattoos. Von der Schulter kommend, nähert es sich langsam der Brust, bis es mit einem schnellen Stich mitten im Herz endet.

Die Tätowierung funktioniert wie ein Symbol für den Typen, den George Clooney in diesem Film spielt. Zuerst, solange man nur einen Teil davon gesehen hat, denkt man: interessant. Was ist das? Gut? Oder schlecht? In jedem Fall: ungewöhnlich. Und dann, je mehr man sieht und begreift, stellt sich sowohl ein Gefühl von Interesse als auch ein Gefühl von Bedrohung ein. Da turnt einer durch eine merkwürdig staubige Szenerie und killt Vampire (mit einer selbst gebauten Holzpflockarmbrust!), ist in einem Augenblick unverschämt sexy und im nächsten unfassbar brutal und ziemlich eklig. Und wenn man zu lange hinsieht, wird einem irgendwann schlecht, aber man weiß nicht, ob das von den ganzen Monstern kommt, die blutend über die Leinwand fliegen – oder von dem Monster, dass sich in der eigenen Lendengegend meldet und schnurrt.

So oder so: George Clooney als Seth Gecko und sein Tattoo hauen einem ganz schön die Beine weg.

Und dann, am Ende, sind alle tot. Außer einem schmierigen kleinen Mexikaner, unserer Hauptfigur Seth Gecko und der jungen Kate. Es ist Tag geworden, das Licht ist an, die Sonne scheint, das Böse ist zu Staub zerfallen. Und es wäre so einfach, zu sagen: Ach, komm. Jetzt werdet einfach ein Paar, Tattoo-Mann und Kate. Ihr ward doch die ganze Zeit schon scharf aufeinander. Aber: Er macht es nicht. Er fährt lieber weg. Er rührt sie nicht an. So, wie er sie den ganzen Film über nicht angerührt hat, obwohl man sehen konnte, dass er oft drüber nachgedacht hat. Er weiß, dass er es könnte, aber er weiß auch, dass er ihr eines Tages wehtun würde. Weil er kein Typ ist, der Teil eines Paares wird. Weil er in seine schmutzige Karre und auf die Straße gehört und nicht an die Seite eines netten Mädchens. Und dieser winzige, zarte Teil seines Herzens, den man nie sieht und auf den man doch hofft, der will ihr nicht wehtun. Er ist zu anständig dafür. Und so sehr die Tätowierung um seine muskulöse Schulter herum auch provoziert, so elegant und fein geschwungen läuft sie doch in Richtung Handgelenk aus.

George Clooney ist ein ganz altertümlicher Mann. Er scheint ein Jäger zu sein, der irgendwann (absichtlich?) vergessen hat, wo seine Höhle liegt. Der gewohnt ist, seitdem alleine unterwegs zu sein, der zu keinem Club gehört.

Er ist weit mehr als ein gewöhnlicher Verbrecher. Verbrecher gibt es heutzutage wie Sand am Meer. Aber die Krieger, die Typen, die sich aus Überzeugung und weil sie nichts anderes gelernt haben und dann auch noch mit Anstand im Dreck wälzen, die sind sehr selten geworden.

Ein besetztes Haus, ein Chevrolet und ein Klavier

Mein Vater sagte immer: »Es gibt bei Mädchen eine schlimme Krankheit, und die heißt vierzehn.« Ich hatte diese Krankheit. Gefährlich und gewaltig war sie über unsere Familie gekommen, und ich weiß nicht, wer mehr darunter litt, die Tochter oder die armen Eltern.

Mein bemitleidenswerter Vater musste jedes Wochenende, an den Freitagen und an den Samstagen, von zweiundzwanzig Uhr an im Auto am vereinbarten Treffpunkt auf mich warten; und er musste das in demütig liegender Haltung mit runtergeklappter Rückenlehne tun, damit ihn niemand sehen konnte. Denn wie peinlich wäre das denn gewesen, wenn jemand mitbekommen hätte, dass ich von meinem *Vater* abgeholt werde? Und selbstverständlich kam ich permanent zu spät. Wenn wir für zehn Uhr verabredet waren, erschien ich vor halb elf grundsätzlich nicht an der Beifahrertür. Das hieß für ihn: dreißig Minuten Angst aushalten. Es kann ja viel passieren, wenn ein junges Ding in der Dunkelheit durch eine Kleinstadt rennt. Er hat ein paar Mal damit gedroht, mich einfach nicht mehr abzuholen, wenn ich wieder zu spät käme. Clevere Tochterantwort:

»Ich kann mir auch in der Kneipe jemanden suchen, der mich nach Hause fährt.«

Vater: »Dann bringe ich dich gar nicht erst in die Stadt.«

Tochter: »Dann fahre ich eben per Anhalter. Das ist doch kein Leben, wenn man um zehn nach Hause muss.«

Vater: »Okay, ich bin dann um elf da.«

Der Ärmste. Er muss mich manchmal wirklich für den Leibhaftigen gehalten haben, für Rosemaries Baby. Meine Mutter heißt Romy (Kurzform für, genau: Rosemarie), und Romy musste mindestens genauso viel einstecken wie ihr mehrfach geprüfter Ehemann. Einmal, als wir zusammen in die Stadt gefahren sind, weil ich unbedingt rote Lack-Clogs haben wollte, stiegen wir im Parkhaus aus dem Auto, und ich hörte sie sagen:

»Scheiße, meine Tochter steigt aus dem Auto.«

Sie sagte das mit diesem traurigen Elvis-has-left-the-Building-Tonfall in der Stimme. Man könnte jetzt meinen, das war fies von meiner Mutter. War es nicht. Ich war fies, oder besser: meine Art, mich zu kleiden. Ein mit voller Absicht angerichtetes Desaster. Drei alte Spitzenunterröcke von meiner Oma, einer in Rosa, einer in Weiß, einer in Schwarz, und alle übereinander, denn dreimal durchsichtig macht dicht, das Ergebnis macht natürlich eher: nicht ganz dicht. Denn dazu trug ich knallblaue Netzstrumpfhosen mit extra Laufmaschen, weiße Cowboystiefel, eine abgerockte Jeansjacke, schlecht toupiertes Haar mit einer lila Tüllschleife und hellroten Lippenstift. Es sollte Madonna sein. Es war: Cyndi Lauper für Arme. Für ganz, ganz Arme.

Alles in allem hatte mein Vater absolut recht: Ich hatte eine böse, böse Krankheit und meine Eltern echte Nehmerqualitäten.

Manchmal wurde mein Fieber so schlimm, dass ich nicht schlafen konnte, zumindest nicht zu Hause. Dann zog ich es vor, ins besetzte Haus zu flüchten. Und erzählte meinen Eltern, ich würde bei meiner Freundin Mika übernachten. Und meine Freundin Mika erzählte ihren Eltern, sie würde bei mir schlafen. Unsere Eltern kannten sich natürlich. Mikas Vater war unser Hausarzt. Es war ein Wunder, dass dieser schlichte Ich-schlaf-bei-dir-du-schläfst-bei-mir-Trick nie aufgefallen ist.

Das besetzte Haus war eine Sensation, da es das Einzige in unserer Kleinstadt war. Es lag gerade mal zwei Straßen von der Tanzschule entfernt, dem spießigsten Ort, den ich mir vorstellen konnte. In der Tanzschule trug man Blusen und Polohemden. Im besetzten Haus trug man Leder und Ketten und zerrissene Jeans. Es war fantastisch dort. Die Punks lagen in allen Ecken und tranken immerzu Bier und waren so irre cool in ihrer grandiosen Faulheit, dass ich kleine Gymnasiastin mir vorkam wie ein Mäuschen, und ich traute mich nicht mal zu piepsen.

Der Coolste von allen war Michelle. Okay, er trug diesen bescheuerten Namen, aber das war nur eine weitere Besonderheit an ihm. Michelle war der Star unserer kleinen Punkszene. Niemand wusste genau, wo er eigentlich hergekommen war, er war plötzlich

einfach da, und er gehörte sofort zum Inventar vom besetzten Haus. Er behauptete, er käme aus Berlin. Auf jeden Fall redete er so, wie man zu reden hat, wenn man aus Berlin kommt, und das war schon super. Er war groß und dünn, er hatte weißblond gefärbte Haare, die struppig vom Kopf abstanden, er nahm alle möglichen Drogen, er war mindestens dreißig, und ihm fehlte ein Schneidezahn. Er sah ein bisschen aus wie eine heruntergekommene Ausgabe von Christopher Lambert in *Subway*. Mika und ich fanden ihn wahnsinnig toll. Und natürlich war er der Grund, warum wir hin und wieder im besetzten Haus übernachten mussten.

Dann saßen wir abends im Kreis, in dicken Parkas und Lederjacken, und in der Mitte des Kreises brannte ein Feuer, auch wenn es gar nicht so kalt war. Ich versuchte, meistens unauffällig in Michelles Nähe zu sitzen, damit ich heimlich an ihm riechen konnte. Er roch nach Bier und Tabak und Großstadt und Leder und Dreck, Dreck, Dreck. Ich kannte niemanden, der so roch. Bei uns zu Hause war es streng verboten, so zu riechen, das durfte ja nicht mal mein Vater, und wenn ein Freund oder

Kollege von ihm in diese Richtung tendierte, ließ meine Mutter ihn nicht herein. So was gab's bei uns einfach nicht, dass man roch wie Michelle. Ich hatte das Gefühl, zum ersten Mal in meinem Leben an einem Mann zu riechen, an einem Original, unverfälscht und von der Zivilisation unversaut.

Und er erzählte die unglaublichsten Geschichten. Er erzählte von Demos und Bullen und Steinen und Punkkonzerten und schwierigen Drogen und dunklen Kellern, und er erzählte immer mit ganz viel Gefühl, als ginge es in jeder seiner Geschichten um Leben und Tod.

Alles in allem war ich absolut hingerissen von Michelle und hörte bald auf, mir die Haare zu kämmen. Michelle nannte Frauen »die Bitches«, und auch wenn ich nicht wusste, was genau eine Bitch ist, war ich wild entschlossen, zumindest auszusehen wie eine. Ich ging davon aus, dass Bitches sich auf gar keinen Fall damit aufhalten, sich um eine Frisur zu bemühen. Das war ungefähr zu der Zeit, als meiner Mutter angst und bange wurde, wenn ich aus dem Auto stieg. Ich bin froh, dass meine klugen Eltern mich in dieser Phase nicht allzu oft fotografierten.

Eines Nachts saß ich allein zu Hause. Meine Eltern waren übers Wochenende weggefahren, sie dachten wohl, man könne mir mal was zutrauen. Konnte man natürlich nicht. Ich hörte Michelle schon von weitem kommen. Ein paar Nächte zuvor hatte ich wieder im besetzten Haus campiert und beiläufig erwähnt, dass ich am Wochenende sturmfrei hätte. Ich hatte natürlich keine Sekunde damit gerechnet, dass Michelle mich tatsächlich besuchen würde. Aber ich hatte auch nicht gewusst, wie viel Spaß es ihm machte, kleinen Mädchen einen Schrecken einzujagen. Er ließ sich im rosa Chevrolet seines Freundes Rolli kutschieren. Rolli fuhr den Chevy. Rolli hieß eigentlich Ralf, aber weil er nach einem schlimmen Motorradunfall im Rollstuhl saß, nannten ihn eben alle Rolli. Und Rolli hatte sich den Chevy so umarbeiten lassen, dass nur er ihn fahren konnte. Weil Michelle keinen Führerschein hatte, dafür aber einen Draht zu den Bitches, war das für beide total praktisch; sie waren so effektiv wie eine geladene Waffe•

Die Bitches kippten reihenweise um.

Der Chevy machte einen Mordslärm in unserer braven Siedlung. Ich stand in der Tür und sah, wie überall in den Häusern die Lichter angingen. Die Nachbarn dachten wahrscheinlich, die Russen kommen. Ich dachte, der liebe Gott kommt. Vielleicht auch, weil Michelle sich exakt so verhielt, als wäre er Gott, oder zumindest jemand, der sehr, sehr mächtig ist. Er stieg aus dem Chevy und klappte sich theatralisch auseinander (er war sehr groß), streckte sich, als hätte er gerade ein schönes Schläfchen gemacht, sah sich links und rechts um und nickte verächtlich, so ungefähr zwanzig Mal. Dann ging er um den riesigen Schlitten herum, öffnete die Fahrertür, bückte sich und hatte plötzlich Rolli auf dem Arm, den er dann mit ernstem Blick auf halber Höhe unserer Eingangstreppe absetzte. Er setzte sich auch gleich daneben, holte zwei Bier aus seiner Jackentasche, machte sie auf und gab eines davon Rolli. Die Herren prosteten sich zu, nahmen jeder einen schönen Schluck und zündeten sich einen dicken Joint an.

Ich stand wie ein Stück Vollkorntoast in der Haustür. Denn Michelle tat das alles, ohne mich auch nur eines Blickes zu würdigen, geschweige

denn »Hallo« zu sagen. Ich wusste überhaupt nicht, wohin mit mir, und dachte kurz darüber nach, ob ich einfach so tun sollte, als wäre nichts. Einfach die Haustür wieder zumachen und den Fernseher wieder an. Aber dafür war ich dann doch viel zu aufgeregt. Ich meine: Hey! Der König der Kleinstadtpunks war gerade zu Besuch gekommen! Also kniff ich die Pobacken zusammen, ging langsam die Treppe runter und sagte:

»Das ist aber eine Überraschung.«

Sofort nach diesem Satz hätte ich mich am liebsten erschossen. Wie uncool konnte man eigentlich sein?

Michelle drehte mit ernster Miene den Kopf zu mir und klopfte mit der Hand neben sich auf die Steine. Ich sollte mich wohl hinsetzen. Und vermutlich am besten den Mund halten. Machte ich genau so. Michelle und Rolli tranken ihr Bier und rauchten ihren Joint, und die Lichter in den Nachbarhäusern gingen langsam wieder aus, ich denke, man beobachtete uns lieber aus dem Dunkeln. War ja auch sicherer.

Es wurde nicht viel geredet auf der Treppe.

Michelle sagte einmal:

»Schnieke Gegend.«

Und Rolli antwortete:

»Richtig. Hier gibt's was zu holen.«

Und dann sagte Michelle noch:

»Vielleicht hab ich Aids.«

Er sagte das, nachdem er mich überfallartig geküsst hatte, um ehrlich zu sein: Das war kein Kuss. Das war nicht schön. Das war: Zunge in den Mund gesteckt. Ich hatte da von einer anderen Situation geträumt, von etwas Zartem, Poetischem, vielleicht bei den Rosen hinten im Garten. Und dann noch dieses Aids-Ding. Ich wusste natürlich überhaupt nicht, was Aids ist. Ich war vierzehn, und wir schrieben das Jahr 1986. Ich habe erst Jahre später begriffen, was Michelle da gesagt hatte. Man muss sich einfach mal vorstellen, was der Typ für eine Sau war: kleine Mädchen beißen und ihnen dann erzählen, man hätte eventuell eine ansteckende, tödliche Krankheit.

Ich rieb mir noch die Lippen, als Michelle aufstand und ins Haus meiner Eltern torkelte. Als Erstes nahm er sich den Weinkeller meines Vaters vor.

»Hey, hey, hey«, sagte er, zog eine Flasche Rotwein aus dem Regal, köpfte sie, indem er den Flaschenhals kurzerhand gegen den Türrahmen schlug, und ließ sich den Wein in den Mund laufen. Es tropfte rot von seinen Lippen, und ich war mir nicht sicher, ob das Wein oder Blut war, er trank schließlich aus zerbrochenem Glas. Ich habe nicht an der Spur gerochen, die sich bald durchs ganze Haus zog und die ich wegputzte, später, als sie wieder abgehauen waren; und ich wusste auch nicht, wie eine Blutspur auszusehen hatte, aber es tat so weh, die roten Tropfen wegzuputzen, dass es durchaus Blut hätte sein können.

Als Nächstes begab er sich in mein Zimmer, öffnete die Kleiderschränke, zog die Klamotten raus und inspizierte sie. Er sagte nichts dazu, er lächelte nur mitleidig. Wenn ich heute darüber nachdenke, dass ein alternder Punk bei mir mal Fashion-Polizei gespielt hat, könnte ich kotzen. Was für eine Frechheit! Ich meine: Der Typ hing Mitte der Achtziger in einer Kleinstadt im Spessart rum und nicht etwa in London oder Berlin. Der war maximal vierte Liga. Und er kontrollierte *meinen* Kleiderschrank!

Nachdem er sich prächtig amüsiert hatte, setzte er sich im Wohnzimmer ans Klavier. Meine Mutter konnte Klavier spielen, und ich konnte es auch ein bisschen. Michelle konnte nicht Klavier spielen, aber ich glaube, das wusste er nicht. Was er machte, war sehr laut und brutal und klang so, als würde es dem Klavier nicht gefallen. Er hielt das ungefähr eine halbe Stunde durch, mit der einen Hand malträtierte er unser Klavier, mit der anderen hielt er die Flasche fest und ließ sich zwischen seinen schlimmen Akkorden immer wieder Wein in den Hals laufen. Und irgendwo zwischen zwei dieser hässlichen Szenen verlor ich meine Begeisterung für Michelle. Ich sah, wie peinlich er war, dass er zu alt war, um ein Punk zu sein, und zu verzweifelt auf Wirkung bedacht, um wirklich zu beeindrucken. Ich selbst war in dieser Nacht leider noch lange nicht erwachsen genug, um ihn rauszuschmeißen, und so ließ ich ihm seine Show, hielt einfach die Luft an und war heilfroh, als ich den Chevy endlich die Hauptstraße hinunterrollen sah.

Seit dieser Nacht ging ich kaum noch ins besetzte Haus, es machte keinen so großen Spaß mehr,

dort ums Feuer zu sitzen. Die Sache hatte ihre Ernsthaftigkeit verloren und ich meinen Respekt vor den Punks. Michelle war eines Tages verschwunden. Er hatte sich von niemandem verabschiedet, nicht mal Rolli wusste, wo er steckte. Irgendjemand erzählte, er wäre zurück nach Berlin gegangen. Ich glaubte das nicht. Ich glaubte auch nicht mehr, dass er überhaupt jemals in Berlin gewesen war. Er war eben nur ein Kleinstadtpunk, der den Zeitpunkt zum Absprung verpasst hatte. Eine echt traurige Gestalt.

Von allen Männern, in die ich mich jemals verliebt hatte, war Michelle der Einzige, bei dem ich mir das komplett hätte sparen können. Er war einfach nur ein Riesenarschloch, sonst nichts.

Na ja. Die Geschichten waren gut.

Drogenferienparadies Südfrankreich

Fast wären meine ersten richtigen Ferien noch kurzfristig abgesagt worden. Mika und ich waren in diesem Jahr siebzehn geworden und hatten geplant, im Sommer für vier Wochen mit dem Zug durch Europa zu fahren. Ich hatte dafür an unzähligen Wochenenden in einem schäbigen Biergarten gekellnert, Mika bei C&A im Lager gearbeitet. Wir waren auch dementsprechend urlaubsreif und hatten die Ferien verdient. Unser Trip sollte denkwürdig werden und natürlich absolut fabelhaft: Mit dem Nachtzug nach Paris, dann weiter an die Atlantikküste, von da aus immer an der Côte d'Azur entlang bis nach Italien, dort den Stiefel einmal bis zur Hacke hinunterfahren und wieder hoc, und zum Schluss vielleicht noch nach Schweden, aber nur, wenn noch ein paar Tage Zeit bleiben●

Blöd: Ungefähr eine Woche vor unserer triumphalen Abreise vom Frankfurter Hauptbahnhof erwischte mich mein Vater dabei, wie ich NICHT bei Mika übernachtete, sondern nachts um drei auf einer Party rumhing. Die Party war zwischen meinen Eltern und mir diskutiert worden, aber weil sie in einem dunklen Keller stattfinden sollte, in dem ich die einzige Siebzehnjährige unter lauter Mittezwanzigern gewesen wäre, fiel der elterliche Beschluss: Nein. Da pfiff ich natürlich drauf und sagte wie üblich, ich würde bei Mika schlafen. Aber mein Vater hatte irgendwie Lunte gerochen, und weil er vor lauter Sorge um mich eh nicht schlafen konnte, war er mal auf Verdacht da hingefahren, wo die Party war. Ja. War dann doof. Lügen – und seien es Notlügen! – kamen bei meinen Eltern nicht gut an, und das hohe Gericht beriet bestimmt drei Tage lang, was zu tun war. Ich wusste, meine hartverdienten Ferien mit Mika standen schwer auf der Kippe. Aber am Ende ließen meine Eltern, warum auch immer, Gnade vor Recht ergehen – vermutlich, weil liebevolle Eltern nicht anders können.

 **So** kam es, dass Mika und ich doch an einem schönen Morgen in Paris ankamen. Und wir kamen

Gangster
of Love

noch weiter. Nach La Rochelle, nach Biarritz, nach Bayonne, wir fuhren an der spanischen Grenze entlang bis zum Mittelmeer. Es war sagenhaft. Aber irgendwo zwischen Marseille und Toulon war dann Schluss, denn da stieg die Polizei in den Zug. Sie gingen am Morgen durch jeden einzelnen Waggon und sahen nach, wem in der Nacht was geklaut worden war. Das war wohl völlig normal zwischen Marseille und Toulon, blöd war nur, dass offensichtlich alle das wussten, nur die ganzen jungen Leute auf Tour nicht. Jedem fehlte irgendwas, und meistens waren es die wichtigen Sachen. Bei Mika hatten sie gleich die ganze Handtasche mitgenommen (sie hatte tatsächlich eine Handtasche dabeigehabt!), da waren ihre Kontaktlinsen, ihre Antibabypille, ihre Travellerschecks und ihr Zugticket drin gewesen. Mir hatten sie meine ach-so-schlaue Gürteltasche einfach unbemerkt aufgeschlitzt und weg waren: meine Antibabypille, meine Travellerschecks, mein Zugticket. Alles in allem konnte man laut und deutlich sagen: Herzlichen Glückwunsch! Wir hatten nichts mehr. Das Einzige, was uns geblieben war, waren ein paar Francs in bar. Und eine EC-Karte, die meine klugen Eltern vor der Reise für mich organisiert hatten – für den Notfall – und die ich in den Tiefen meines Rucksacks versteckt hatte. Ich wusste: Jetzt war der Zeitpunkt, an dem wir die EC-Karte brauchen würden, aber ich wusste nicht wirklich, was man damit macht. Wir taten also, was alle schlauen Mädchen in so einer Situation tun würden: Wir stiegen in Cannes aus dem Zug, hockten uns vor den Bahnhof und heulten.

Mika kam irgendwann auf die verrückte Idee, mal zu Hause anzurufen. Und wieder entschied der Elternrat großzügig: Wir mussten nicht sofort zurück nach Frankfurt Hauptbahnhof. Wir bekamen ein bisschen Geld auf das Konto mit der EC-Karte überwiesen. Davon konnten wir zwei Tickets nach Hause kaufen und durften dann so lange in Frankreich bleiben, wie das Geld reichen würde. Ich bin überzeugt davon, hätten unsere Eltern gewusst, was wir in den nächsten drei Wochen an der Côte d'Azur anstellen würden, sie hätten uns auf der Stelle nach Hause geholt, und zwar höchstpersönlich und mit dem Hubschrauber.

So aber stiegen wir in die nächste Bimmelbahn

und fuhren von Cannes nach Juan-les-Pins, einen kleinen Ferienort bei Antibes. Mika kannte sich in Juan-les-Pins aus, sie hatte dort ein paar Mal mit ihrer Familie Urlaub gemacht. Und sie wusste, dass man in Juan-les-Pins am Strand zelten durfte und sie einen nicht wegjagten. Außerdem wären da wahnsinnig viele süße Typen, sagte sie. Das klang alles, als könne man es in Juan-les-Pins ganz gut aushalten, auch wenn man nichts mehr hatte außer einem Bikini.

Der Ort war exakt so, wie Mika gesagt hatte. Wir übernachteten ungestört am Strand, an dem es tagsüber nur so wimmelte von Surfern und Gitarrespielern und Eisverkäufern. Es waren die perfekten Mädchenferien. Wir fragten uns, warum wir überhaupt auf diese bescheuerte Idee gekommen waren, durch halb Europa fahren zu wollen, wenn man hier so fabelhaft in der Sonne liegen und Jungs anlächeln konnte. Und dann lächelte einer von den Jungs ein ganz spezielles Lächeln zurück•

Es geschah in der Abenddämmerung, der Himmel über dem Meer war rosarot. Mika und ich stiegen gerade die Treppen zur Strandpromenade hoch, um ein bisschen flanieren zu gehen, da kam er uns entgegen. Er hatte strandblonde, kinnlange Locken, die ihm ins Gesicht fielen, er schielte ein bisschen, er war barfuß, er bewegte sich wie ein arroganter, junger Kater und – er redete mit Mika! Und sie redete mit ihm, das schien total selbstverständlich, wie die redeten, und irgendwann begriff ich: Die kennen sich! Mehr begriff ich nicht, mein Französisch war zu schlecht, und in diesem Moment hätte ich mir eine reinhauen können dafür, dass ich im Unterricht nie aufgepasst hatte. Als der Kater sich von Mika verabschiedete, sah er mich einen Augenblick lang an, und dieser Augenblick, der hatte es so in sich, an den erinnere ich mich noch heute haargenau. Sein Silberblick checkte mich einmal von oben bis unten ab, schnell, aber gründlich, und dann lächelte er mich an, es war ein heißes, umwerfendes Lächeln. Ich spürte, wie ich sofort rot wurde.

»Wer war das?!?«, fragte ich Mika, als er sich ein bisschen entfernt hatte. Ich bekam fast keine Luft mehr.

»Wer zum Teufel war das?!?«

Okay. Ich fragte nicht. Ich kreischte. Mika grinste.

»Das war Laurent«, sagte sie, »Laurent Trezeguet. Den hab ich vor zwei Jahren hier kennengelernt. Ich habe doch gesagt, an der Côte d'Azur gibt's jede Menge süße Typen.«

Sie zwinkerte und kniff mir in den Po.

»Und weißte was?«, sagte sie weiter. »Der hat uns gerade angeboten, dass wir in seinem Garten zelten dürfen. Mit Swimmingpool. Seine Mutter ist für die nächsten Wochen geschäftlich in Paris, und er kann machen, was er will. Wir ziehen noch heute Nacht um. Er holt uns später an unserem Zelt ab.«

Wow. Im Garten. Von Laurent. Mit Pool. Mutter weg. Geil.

Ich starrte Mika fassungslos von der Seite an, aber sie lächelte nur dezent und zog mich am Arm weiter in Richtung Promenade, ein bisschen flanieren gehen.

Im Garten von Laurent war es FA-BEL-HAFT. Unser Zelt stand unter einer kleinen Palme, es gab tatsächlich einen Pool, es gab immer was zu essen, und wir hatten sogar ein eigenes Mädchenbad hinten am Komposthaufen. Aber das Fabelhafteste an dem ganzen Garten war Laurent. Wenn er nicht gerade mit seinem alten Käfer unterwegs war, widmete er sich seinen jungen Käfern – also uns. Er lächelte uns Blumen in die Bäuche und schlich am Pool entlang, mit erstaunlich faulen, trägen Bewegungen, wenn man bedenkt, wie geschmeidig sein Jungmännerkörper war. Und wenn er keine Lust mehr auf die Schleicherei hatte, legte er sich einfach hin und machte ein Nickerchen in der Sonne. Dann konnte man ihn besonders gut beobachten.

Er war noch zu jung für eine amtliche Brustbehaarung, er war vielleicht zweiundzwanzig, aber er trug einen goldenen Flaum auf der Brust, der in der Sonne schimmerte. Und dann noch diese dunkelblonde Linie, die sich von seinen Shorts bis zu seinem Bauchnabel zog – ach. Herrje. Ich bin sicher, er wusste das. Er wusste genau, was er in Mädchenherzen anrichtete. Meines war schlicht aufgewühlt, von der ersten Sekunde an, in der ich seinen Garten betreten hatte.

Aber ich will kein falsches Bild vermitteln. Laurent war nicht einfach nur ein Rumhänger. Er hatte auch einen Job. Er war Jeansmodel. Für Girbaud. So•

Eines lauen Abends zeigte er mir all seine Fotos. Wir saßen im Garten in der Hollywoodschaukel, Laurent hatte superlässig seinen Arm hinter mir auf der Rückenlehne liegen. Konnte er sich auch leisten: Er sah sensationell aus auf den Modelfotos. Er sah eigentlich genau so aus, wie er auch aussah, wenn er am Pool herumlag: weite, zerschlissene Jeans, geringeltes oder gar kein T-Shirt, barfuß, struppige Locken. Und dann guckte er immer so schön gelangweilt in die Kamera, als könnte ihn die ganze Welt am Arsch lecken.

Ich verschoss mich sekündlich heftiger in ihn. Und es war so herrlich warm, und die Grillen zirpten, und Mika war im Wohnzimmer mit seinem dunkelhaarigen Freund Pascal zugange und der Pool glitzerte. Und so hatte ich überhaupt nichts dagegen einzuwenden, als er aufstand, meine Hand nahm, mich hochzog, mich hochhob, mich zum Pool trug und mit mir auf den Armen da reinsprang.

Es war der französischste Film, den ich je erlebt hatte. Und es lag eine unglaublich schnulzige Verwegenheit in der Luft, ein Piratentum, wie es nur in einer Feriennacht vorkommt.

Im Wasser fing Laurent dann endlich, endlich an, mich zu küssen, und mir blieb fast die Luft weg. Auch wegen seiner Küsse, aber vor allem wegen der Schnelligkeit, mit der er unter Wasser mein Höschen zu fassen bekam und es mir wegnahm. Ich schwöre: Ich wollte wirklich »äh, Moment mal« sagen, aber was er dann tat, war so schön, dass ich meine Sprache verlor und vermutlich auch meinen Verstand, denn ich merkte erst eine halbe Stunde später, dass auch Laurent kein Höschen mehr anhatte.

 **Von** da an waren wir ein Paar, zumindest fühlte es sich so an. Ich schlief nicht mehr bei Mika im Zelt (da schlief ja auch schon Pascal), sondern in Laurents Bett. Morgens bekam ich Milchkaffee und Croissants gebracht, den Tag über lagen wir mehr aufeinander als nebeneinander am und im Pool herum oder fuhren mit dem Käfer nach Cannes, und

Gangster *of Love*

abends, wenn wir uns auszogen, lachte er mich aus, weil ich diesen für ihn wohl wahnsinnig lustigen Bikiniabdruck auf dem Busen hatte, den er angeblich noch nie zuvor gesehen hatte. Ich dachte anfangs, das käme daher, weil ich die Erste war, der er die Bluse ausgezogen hatte, aber ich kam schnell dahinter, dass er mich auslachte, weil sich offenbar alle Französinnen oben ohne sonnten. Denn ich war keinesfalls die Erste. Ich war nicht mal die Einzige. Und ich war auch nicht das Mädchen Nummer eins. Ich war zum ersten Mal in meinem Leben: die Geliebte.

Laurent ging damit sehr selbstverständlich um.

»Hier«, sagte er eines Abends bei einem Teller Pommes frites, »schau mal, und das ist Cécile.«

Er hatte mir ein Foto herüber geschoben. Auf dem Bild war ein Pärchen zu sehen, Arm in Arm, glücklich, beide blond wie die Sonne. Der Typ war Laurent, und das Mädchen war dann wohl Cécile, eine Schönheit mit goldenen Locken, die sich ihr bis zur Taille ringelten.

»Ma copine«, nannte er sie, und ich war mir erst nicht sicher, was genau das heißt, aber Mika wusste es: meine Freundin. Meine feste Freundin. Mich hingegen nannte er »ma puce«, das heißt so viel wie: mein Floh. Die Hackordnung zwischen Cécile und mir war also eindeutig.

Ich verbrachte den ganzen nächsten Tag im Schockzustand und versuchte mit traurigen Augen, Laurent ein schlechtes Gewissen zu machen. Laurent verstand das nicht.

»Was willst du denn?«, fragte er. »Wir haben Ferien, wir haben Spaß, es ist Sommer, und in ein paar Wochen fährst du wieder nach Hause. Wo ist dein Problem?«

»Du betrügst deine Freundin«, sagte ich.

»Ach«, sagte er, »Cécile. Die studiert in Paris und hat dauernd andere Männer. Cécile ist ein sehr fröhliches Mädchen. Um Cécile muss man sich keine Sorgen machen.«

Hm. Ich blieb noch eine Weile in meinem Schmollwinkel sitzen, aber irgendwann wurde es dort sehr, sehr langweilig. Laurent und Pascal und Mika lachten und vergnügten sich im Pool. Und so pfiff ich auf Ehre, Moral und Cécile und legte mich in der nächsten Nacht wieder zu Laurent ins Bett.

»Und morgen«, flüsterte er mir vor dem Einschlafen ins Ohr, »morgen entspannen wir uns alle mal richtig schön.«

Gegen Mittag fuhren wir nach Cannes, und ich dachte, das wäre mit Entspannung gemeint, ein bisschen bummeln und so. Aber falsch gedacht, Bummeln stand nicht auf dem Programm. Laurent parkte den Käfer in einem hässlichen Außenbezirk, und Mika und ich mussten auf der Rückbank sitzen bleiben, während Pascal und er in einem Hochhaus verschwanden. Nach maximal zehn Minuten waren sie wieder im Auto und alle Mann auf dem Weg zurück nach Juan-les-Pins. Ich war irritiert•

Die Irritation ließ nach, als Laurent mir zu Hause am Pool einen schicken kleinen Joint in den Mund steckte. Ich hatte noch nie zuvor gekifft, und ich hatte auch erst ein bisschen die Hosen voll, aber dann gefiel es mir ausgesprochen gut. Irgendwie machte es mich größer und besser. Abends verschwand Laurent noch mal für zwei Stunden und sagte nicht wohin; und das ist ja das Schöne am

Kiffen: Es war mir völlig egal. Als er zurückkam, lag ich immer noch am Pool und wartete auf meinen blonden Kater und war so entspannt wie ein Paket Watte. Für den Rest der Nacht spielten wir wieder dermaßen französischen Film, dass es wirklich eine wahre Freude war•

So in der Art lief das dann noch gute zwei Wochen: Vormittags fuhren wir mit dem Käfer nach Cannes, mittags rauchten wir, und ich lernte, dass nicht jedes Gras gleich schmeckt. Abends verschwand er kurz, und nachts tobte die Luzi im Bettchen. Mir ist erst Jahre später klargeworden, dass wir vermutlich die ganze Zeit Drogen von A nach B chauffiert haben und ich gut hätte vor einem französischen Jugendrichter landen können. Ähem•

Und eines Tages dann war unser Geld alle und unsere Ferien vorbei. Wir hatten es ordentlich rausgezögert und waren schon sechs Wochen von zu Hause weg. Übermorgen sollte die Schule wieder anfangen. Laurent und Pascal nahmen uns auf ihrer Tour nach Cannes mit zum Bahnhof•

Ich vergoss keine Tränen, als wir uns verabschiedeten, ich ließ mich nur einmal fest in den Arm nehmen und ein letztes Mal »ma puce« nennen. Er war nicht mein Freund. Er war nur eine Ferienliebe. Ich war nur seine Geliebte. Und im Nachhinein bin ich mir gar nicht sicher: War das eigentlich toll, was der mit mir gemacht hat (Sonne, Sommer, Pool, französischer Film), oder war es eine bodenlose Frechheit (junges Mädchen zur Geliebten machen, ihr Drogen verabreichen, auf jegliche Moral pfeifen)?

Aber noch heute packt es mich am Nacken, wenn ich sein Rasierwasser rieche, und dann folgt ein leises, langsames Schaudern, und ich bin für ein paar Sekunden wieder siebzehn und liege an einem Pool in Juan-les-Pins, und die Sonne brennt mir auf den Pelz, und ich rauche eine schöne, schlanke, total französische Tüte.

Der Gangster of Love in der Literatur:

Philip Marlowe

Der Privatdetektiv aus Los Angeles ist vielleicht der Beste von allen. Ja, richtig: von allen. Okay, er trinkt ein bisschen viel, und er ist häufiger in Schlägereien verwickelt als andere Männer. Aber das liegt nicht an ihm•

Die Sache mit dem Bourbon kommt davon, dass die Welt so ist, wie sie ist. Und wenn einen das offensichtlich derartig oft enttäuscht hat, dass man schon vor dem vierzigsten Lebensjahr zum Zyniker geworden ist und an nichts mehr glaubt, von dem, was da draußen ist, und dass man grundsätzlich niemandem traut – wem, außer einer Flasche, soll man sich dann noch öffnen, wenn die Traurigkeit kommt? Und erfahrene Zyniker wissen: Sie kommt, spätestens mit der hereinbrechenden Nacht.

Die Prügeleien? Nun ja. Marlowe kann wirklich ausgezeichnet einstecken, hat dauernd eine dicke Lippe oder ein Veilchen und tut dann so, als wäre nichts. Aber für ihn ist Gewalt eigentlich kein probates Mittel. Er ist in der Regel auch nicht der, der anfängt. Doch Marlowe ist wohl ein Typ, der andere dazu motiviert, die Fäuste auszupacken. So oft, wie er auf die Schnauze kriegt. Er scheint einfach etwas Provozierendes an sich zu haben. Was das genau ist, kann vermutlich nur ein Mann sagen. Verdacht: Philip Marlowe ist eine Bedrohung. So eindeutig männlich, so sich selbst genug und tiefenentspannt und furchtlos und absolut okay mit seiner Einsamkeit, dass er aus Männersicht ein Ideal ist und damit für jeden anderen Mann einen gefürchteten Konkurrenten darstellt. Und er ist zäh und hartnäckig und dabei so schweigsam, dass er einem reizbaren Gemüt sicherlich schnell auf die Nerven gehen kann.

So viel zu den unangenehmen Begleiterscheinungen, die man abkönnen muss, wenn man sich mit Marlowe einlässt.

Der Rest aber ist einfach nur wunderbar:

Philip Marlowe lebt in Los Angeles und verdient sein Geld mit privaten Ermittlungen. Er wurde vermutlich in einer Kleinstadt nördlich von San

Francisco geboren und ist ungefähr achtunddreißig Jahre alt. Er arbeitete eine Zeit lang für die Staatsanwaltschaft L. A., wurde dann aber wegen Befehlsverweigerung gefeuert. Sein Büro trägt die Nummer 615 und liegt im sechsten Stock des Cahuenga Buildings am Hollywood Boulevard. Telefon: Glenview 7537. Es gibt keine genauen Informationen über die Waffe, die Marlowe trägt. Vermutlich ist es eine 38er Smith & Wesson.

Marlowe ist eins fünfundachtzig groß und wiegt 86 Kilo, seine Augen sind braun, seine Haare dunkelbraun (ein paar sind auch schon grau). Er raucht bevorzugt Zigaretten der Marke »Camel«. Er hasst Sicherheitsstreichhölzer und benutzt lieber solche, die man auch an der Schuhsohle oder am Fingernagel entzünden kann. Seinen Kaffee trinkt er morgens mit Sahne und Zucker, später am Tag schwarz. An Frauen mag er herbe Parfums, sofern sie nicht zu aufdringlich riechen. Überhaupt: Alles Übertriebene ist ihm zuwider. Er spricht weder besonders laut noch besonders schnell. Er trägt schlichte Anzüge in dunklen Farben, eine dezente Ray Ban, und die Krempe seines Huts ist gerade breit genug, um einigermaßen Schutz vor fiesem Nieselregen zu bieten. Frauen, die ein Drama abziehen, um ihn zu verführen oder zu beeindrucken, interessieren ihn nicht. Fragt aber eine im Dunkeln nach Feuer, kann er schwach werden. Außerdem ist er keiner, der auf Siegertypen steht. Er hat ein Herz für die Kleinen und die Geschundenen und lässt einen mittelmäßig begabten Ganoven auch mal laufen, weil er ihm leidtut.

Er wirkt ganz und gar wie einer, der gerne nachdenklich im Rinnstein spazieren geht. Wie er seine Liebe zeigt? Ich denke, er fasst einer Frau vorsichtig ans Kinn und nennt sie: Kleines. Oder er lässt sich für sie erschießen.

Der Stammgast

Nachdem ich wie alle anständigen Teenager einmal wegen Mathe sitzengeblieben war, hielt ich mit zwanzig dann endlich auch mein Abitur in der Hand. Wahnsinn: Mir stand die Welt offen, mein Leben konnte beginnen•

Ich suchte mir einen Job als Kellnerin.

Es war ein guter Job. Ich stieg bald auf und wurde von der Kellnerin zur Kellnerin und Thekenkraft befördert und schmiss den Laden alleine. Vermutlich wollte meine Chefin nur Geld sparen, aber mir wurde das natürlich anders verkauft: Du bist ab sofort Geschäftsführerin! Ich war stolz wie ein Sack Sülze und stand nur noch mit einem extrem wichtigen und coolen Gesichtsausdruck hinter der Theke. Ich glaube, ich war nicht besonders sympathisch. Oder sagen wir es mal so: Ich hätte mich lieber nicht angesprochen. Aber unter all den Leuten aus der großen, trägen Masse gibt es ja immer einen Mutigen. Und in der kleinen Bar, in der ich schlechte Laune verbreitete, gab es einen, den schien mein idiotisches Getue überhaupt nicht zu stören.

 **Er** machte irgendwas mit Werbung oder PR, glaube ich, wir haben nie wirklich darüber geredet. Ich wusste nur, dass sein Chef ein Arschloch war und ihn buckeln ließ. Er musste immer lange arbeiten, vor zehn tauchte er meistens nicht an meiner Theke auf. Aber er kam jeden Abend. Er sagte nie »Hallo« oder sonst was Langweiliges, er saß einfach irgendwann da und hatte seinen knittrigen Trenchcoat an und sah viel älter aus, als er wirklich war. Er war kein schöner Mann, aber er war definitiv ein Mann. Seine Haut war grau, und seine Haare waren nicht blond, nicht braun, nicht rot und voller altmodischer Brillantine, er trug schrecklich abgewetzte Cowboystiefel, er war kein Typ, der lächelte, er lachte vielleicht mal laut und schmutzig, aber meistens hielt er die Schnauze und hörte der Musik zu. Er schleppte ununterbrochen eine Wolke aus krassem, holzigem Rasierwasser, Kaffee und Zigaretten mit sich herum. Und ein mehrfach gebrochenes Herz. Eigentlich war er genau das: ein

Gangster of Love

düsteres, verletztes Herz. Man musste dazu auch überhaupt nichts von seiner Geschichte kennen, man musste ihn einfach nur anschauen. Es warf mich jedes Mal um, wenn ich das zu lange tat. Es gab Momente, da sah ich ihn vor mir an der Theke sitzen, mit Kaffee und Cognac (es gibt Männer, die so was bestellen!), und dann musste ich mich zusammenreißen, um nicht auf der Stelle das Heulen anzufangen, so sehr rührte mich sein Wesen. So ist das, wenn aus Mädchen langsam Frauen werden: Dann beweinen sie nicht mehr verloren gegangene Bambitiere, sondern traurige Männer. Aber die sind ja auch irgendwie verloren gegangen•

Als er eines Abends in der Bar anrief, nur um mir zu sagen, dass es heute spät werden würde, er aber ganz sicher noch käme, dämmerte mir, dass eventuell auch er von irgendwas gerührt war: eventuell von mir. Er war einfach nicht der Typ, der anrief•

Er kam so gegen halb eins, auf jeden Fall war es nach Mitternacht. Die Bar war schon ziemlich leer, war ja unter der Woche. Sein Trenchcoat war noch knittriger als sonst und sein Gesicht auch. Er sah aus, als hätte ihm jemand auf den Kopf gehauen, und irgendwie war das wohl auch so: Ärger mit dem Arschlochchef gehabt, Exfreundin wiedergetroffen, Auto kaputtgegangen. Kein guter Tag gewesen. Also trank er an diesem Abend nicht nur den üblichen Kaffee und Cognac und vielleicht noch ein, zwei Bier. Nein, er trank jede Menge Bier. Er knallte sich richtig schön einen rein, sein Mantel wurde immer länger und sein Blick immer liebevoller. Irgendwann gegen halb zwei sah er aus wie ein Song von Johnny Cash. Alle anderen Gäste waren gegangen und ich hatte Angst, dass ich ihm gleich um den Hals fallen würde. Also begann ich schnell mit dem Putzen und der Abrechnung.

»Ich bleib noch ein bisschen hier«, sagte er, »okay?«

»Okay«, sagte ich.

»Ich bewach' einfach die Kohle«, sagte er, »okay?«

»Okay«, sagte ich.

»Ich kann dich ja auch zum Auto bringen«, sagte er.

»Gerne«, sagte ich.

Man würde denken, dass wir uns dann anlächel-

ten. Ich glaube aber nicht, dass es so war. Es war wohl eher so: Ich schloss die Tür ab, damit uns niemand stören konnte, er drehte die Musik auf und ließ sich einfach fleißig Biere aus dem Hahn laufen. Meine Putzerei und die Abrechnung dauerten diesmal ungewöhnlich lange, und es herrschte eine Stimmung in unserer kleinen Bar, die war so warm und heimelig, wie in so einer Art geschütztem Raum für bedrohte Arten. Es lässt sich schwer beschreiben, vielleicht so: Ein Ort, an dem man sehr gut zu zweit die Klappe halten konnte, ohne dass sich einer von beiden blöd vorkommen musste, und die Getränke gab's auch noch gratis. Und am Ende wurde ich ordnungsgemäß an meinem Auto abgeliefert.

So machten wir es von da an immer: Er blieb bis zum Schluss und passte auf, dass niemand in die Bar stürmte und mich oder die Kohle klaute, ich erledigte meine Arbeit und war froh, einen knittrigen Typen im Trenchcoat dabeizuhaben. Und je länger man sich an eine Situation gewöhnt, desto mehr ist in genau dieser Situation erlaubt•

Eines nachts dann, als ich gerade die Zapfhähne

polierte, stellte er kurz sein Bierglas zur Seite, beugte sich über die Theke, griff nach meinem Kinn, zog mich zu sich heran und küsste mich. Ich hatte nicht unbedingt damit gerechnet und zerfloss auch nicht gerade vor Verliebtheit in diesem Moment beziehungsweise überhaupt, aber ich hätte auch nichts dagegen. Es war halt, wie es war, und ich hatte ihn so gerne in meiner Nähe, diesen merkwürdigen Mann.

Eines nachts dann, als er mich wie üblich zum Auto brachte, stieg er mit ein, und ich fuhr ihn nach Hause. Vor seiner Haustür knutschten wir noch ein bisschen im Auto rum.

Eines nachts dann, als wir im Auto rumknutschten, wurde es irgendwann zu kalt, und ich ging mit zu ihm. Wir machten dann noch ein bisschen im Bett rum.

Und eines nachts dann, als wir wieder mal überm Zapfhahn knutschten, schafften wir es nicht mehr bis zum Auto und blieben einfach in der Bar. Sie war ja sowieso der beste Ort für uns, und die Nacht, die wir dort verbrachten, fühlte sich so selbstverständlich an, dass ich mich wunderte, warum wir den Laden jemals verlassen hatten.

Was genau das dann schließlich mit uns war, ist schwer zu sagen. Liebe war das nicht, aber nur Sex war's auch nicht. Ich glaube, wir wussten zu der Zeit beide nicht, wohin mit uns, und so hielten wir uns einfach aneinander fest. Weil es sich gut und richtig anfühlte und nicht wehtat. Wir hatten so eine Art Nacht-Ding. Ich glaube auch nicht, dass irgendwer von uns wusste. Zumindest hatte ich niemandem etwas erzählt. Nicht, weil es mir peinlich gewesen wäre, dass ich Nacht für Nacht mit meinem Stammgast in der Kneipe übernachtete, nö, mir ist nicht so schnell was peinlich. Aber es war irgendwie nicht angesagt. Was hätte man auch erzählen sollen? Ich habe da was mit einem, aber auch nicht so richtig? Nee, lass mal, mein Freund ist das nicht und wird das auch nicht? Wir sind eben nicht verliebt? Wir schlafen halt einfach so miteinander? Weil es gerade passt? Ich mag ihn sehr, aber er liebt vor allem seinen knittrigen, alten Mantel? Und sonst, sonst wissen wir eigentlich nichts voneinander? Entschuldigung?

Warum also hätten wir da irgendwas offiziell machen sollen? Es hätte doch eh niemand verstanden, und uns hat das, was sich vor der Kneipentür abspielte, sowieso nicht interessiert.

Das war ja auch das Großartige: Wir waren das Paar der Sekunde. Wir waren nicht von gestern oder für morgen, wir waren kein »Weißt du noch?« und auch kein »Was wird sein?«. Wir hatten immer nur das Jetzt. Anders wäre es auch nicht gegangen. Eine Frau, die mit einem Mann an ein Morgen denkt, braucht ein paar minimale Zusagen, ein paar kleine Versprechen. Und ich glaube, auch dafür war er einfach nicht der Typ, zumindest nicht zu dem Zeitpunkt, an dem wir uns trafen. Er war der Typ, der im Rinnstein spazieren geht und Steine kickt. Der Typ, der einer Frau mit Sehnsucht nach alten Schwarz-Weiß-Bildern ein bisschen das Herz kitzelt. Der Typ, von dem ich schon immer wusste: geht gar nicht, ist aber egal, denn so einen beim Steine-kicken zu beobachten ist, wie einen Film über seltene Tiere sehen.

Wie es mit uns zu Ende ging, habe ich vergessen. Ich denke, es war so unspektakulär, wie es angefangen hat. Irgendwann war es eben einfach vorbei, durch, gegessen. Ich war nicht mal bekümmert des-

wegen. Ich glaube, ich verließ dann auch bald die Stadt und ging studieren.

Jahre später bin ich an einem sonnigen Nachmittag mit dem Auto an der Bar vorbei gefahren. Ich sah schon von weitem, dass sich was verändert hatte, da war umgebaut, und der Name ging irgendwie anders. Aber ich sah, dass auch etwas ganz Entscheidendes gleich geblieben war: Er war da. Er stand vor der Tür in der Sonne und rauchte eine Zigarette. Er hatte ein weißes Geschirrhandtuch über der Schulter und einen dicken, schwarzen Geldbeutel in der Hosentasche. Und die Art, wie er da stand und rauchte, machte klar: Das war jetzt sein Laden. Er hatte tatsächlich seinem Chef den Stinkefinger gezeigt und die Bar übernommen•

Ich habe nicht angehalten, um »Hallo« zu sagen, das hätte irgendwie nicht so gut gepasst. Aber als ich ihn sah, spürte ich dann doch, dass in meinem Herzen ein winziges Loch geblieben war, dass unsere Geschichte es vielleicht doch wert gewesen wäre, um ihr Ende zu trauern. Und ich bemerkte das Fragezeichen. Was wäre gewesen, wenn wir uns später kennengelernt hätten, in einer Zeit nach den Blumenkleidern, in der mir dieses Trenchcoat-Ding einfach besser gestanden hätte? Das weiß nur der Zapfhahn.

Wer braucht schon Abitur?

Für Außenstehende war es sicher schwer zu verstehen, warum es mir so viel Spaß machte, jeden Tag nach der Uni in einem total heruntergekommenen Café für einen zwielichtigen Typen ohne Zahlungsmoral zu arbeiten. Für einen schmuddeligen, monatlichen Scheck, der regelmäßig platzte. Aber ich liebte es. Die Arbeit in dem Café war der Gegenentwurf zu meinem offiziellen Leben als gewissenhafte Philosophiestudentin; ein schmutziger, lauter Ort, an dem staubiger, türkischer Mokka serviert wurde und unkultivierte Musik aus den alten Lautsprechern schepperte. Das Café war eine Art Unterwelt. Mein dunkler Ort. Ich glaube, dass jeder Mensch einen solchen Ort braucht, einen Platz, an dem er ein anderer sein darf. So funktionieren alle guten Kneipen und Clubs, so funktionieren Motorradwerkstätten und Fußballstadien. Und ich genoss es eben, täglich zwischen den Welten zu wechseln•

Meine Schicht fing meistens so gegen siebzehn Uhr an und endete üblicherweise gegen Mitternacht, ich konnte also locker abends arbeiten und am nächsten Tag wieder studieren. Das ging ein paar Semester lang ziemlich gut.

Aber dann kam Benny.

Benny war ein kleiner Berserker, ein Wilder in einem Gymnasiastenkostüm. Er hatte korsische Vorfahren und genau so sah er auch aus: wie der kleine Korse in *Asterix auf Korsika*, der immer die Luft anhält. Als Druckmittel, wenn es nicht ganz so läuft, wie er will●

Benny hatte genau dieses entschlossene Kinn, diese adlerhafte Nase und dieses glänzende, schwarze Haar, das ihm immerzu wie eine Art Naturtolle in die Stirn kippte, wenn er etwas blöd fand. Dazu trug er Jeans, die ihm in den Kniekehlen hingen, bunte T-Shirts mit grässlichen Schriften darauf, dicke Turnschuhe, ein Skateboard und hatte einen Blick, der sagte: Ich versuch das mit dem Abitur diesen Sommer mal, aber ich bin mir nicht sicher, ob das wirklich was für mich ist.

Er war knappe achtzehn, sah aber aus, wie gerade eben sechzehn geworden. Wäre ich fünfzehn gewesen, hätte ich mich völlig zu Recht auf der Stelle in ihn verknallt. Ich war, glaube ich, vierundzwanzig.

Benny und ich teilten uns die Schicht. Einer machte die Theke, einer den Service, und zusammen machten wir die Gäste frisch. Benny spielte seinen Charme aus und flirtete sich einen Ast, ich setzte meinen kurzen Rock und ein Lächeln obendrauf, und am Ende waren wir die Trinkgeldkönige.

Eines Nachts, nachdem wir einen neuen Rekord eingefahren hatten, waren wir so aufgekratzt, dass wir beschlossen, unsere erfolgreiche Zusammenarbeit endlich mal anständig zu feiern, anstatt wie sonst immer um Mitternacht abzuklatschen und wieder brav in unseren offiziellen Leben als Studentin und Abiturient zu verschwinden.

Wir fuhren zu ihm und sahen uns einen Film an. Sein Zimmer befand sich im Keller des Hauses, in dem er mit seiner Mutter wohnte. Und, also ich fuhr natürlich, er hatte ja noch keinen Führerschein. In dem halben Jahr, in dem wir miteinander zu tun hatten, hat er nie Anstalten gemacht, sich um einen Führerschein zu kümmern, so wie alle anderen Jungs es spätestens taten, wenn sie siebzehn waren. Nach ein paar Wochen begriff ich auch, warum er nicht auf die Idee kam, den Führerschein zu machen: Er brauchte keinen. Er fuhr einfach ohne. Ja, dachte ich am Anfang noch, kann er ja machen, aber nicht mit meinem Golf! Dachte ich so. Pustekuchen.

Benny lebte komplett außerhalb aller Regeln. Und nachdem ich mich von meinem ersten Schrecken erholt hatte, war es ein Riesenfest, ihm dabei zuzusehen. Und selbst auch ein bisschen mitzumachen, bei dem schönen Spiel »Guten Tag, wir sind die Gesetzlosen«.

In dieser ersten gemeinsamen Nacht in seinem Jugendzimmer war das, was wir zusammen so machten, noch unspektakulär, aber der Wahnsinn deutete sich bereits an: Als Benny sich neben mir auf der Couch niederließ, machte er erst mal seine Hose auf. Ich erinnere mich gut daran, dass ich etwas irritiert war und ihn auch so ansah.

»Ist doch viel cooler so«, sagte er, streckte sich,

und seine blau-weiß-gestreiften Korsenshorts nahmen plötzlich sehr viel Raum ein. Dann sahen wir uns *Die nackte Kanone* an. Wir kannten den Film beide auswendig. Die Dialoge konnten damals ja alle auf Kommando runterbeten, aber mit den kleinen Pillen, die Benny aus seiner Jackentasche hervorzauberte, war Spezialagent Frank Drebin mindestens noch fünf Mal lustiger, als er es sowieso schon war. Man muss sich das mal vorstellen: Zwei junge Leute auf Pille sehen sich einen Film mit dem späteren Mordverdächtigen O. J. Simpson an, und einer von beiden findet es außerdem viel cooler, die Hosen aufzuhaben. Totale Nichtsnutze. Wir schauten uns den Film in dieser Nacht immer wieder an, sprachen die Dialoge mit, und vermutlich fummelten wir auch fröhlich aneinander rum, denn als wir in der Morgendämmerung langsam wieder runterkamen, hatten wir beide nicht mehr viel an und lagen völlig ineinander verkeilt auf dem Fußboden. Ich war am folgenden Tag weder in der Lage, meine Haare zu kämmen, noch ein Wort zu sprechen. Und Benny kassierte eine Sechs in Deutsch. Das soll uns erst mal jemand nachmachen.

Von da an ging's dann auch bergab. Benny hörte relativ bald auf, regelmäßig zur Schule zu gehen, und ich sparte mir immer öfter die eine oder andere Vorlesung•

Das Geld, das ich im Café verdiente, gab ich nicht mehr für frisches Obst und alte Bücher aus, nein, ich ernährte mich lieber von Haschkeksen – auch geistig. Überhaupt Geld, das wurde mir so egal, dass ich es gerne mal im Geldautomaten stecken ließ. Einmal vergaß ich sogar hundert Mark im Scheineschlitz, und das war immerhin ein Fünftel meines gesamten Monatsverdienstes. Benny fuhr währenddessen fröhlich mit meinem Golf und ohne Führerschein durch die Gegend.

Es war erstaunlich: Kaum löste ich ein paar Regeln auf (nicht mit kleinen Jungs rummachen, niemals die Uni sausen lassen), löste sich alles andere irgendwie auch einfach auf. Bis heute frage ich mich: Muss das so sein? Und bis heute halte ich mich an ein paar Regeln für mein Leben fest, weil ich befürchte, dass wieder alles auseinanderfällt, wenn ich diese breche. Aber es sind nur selbstausgedachte Regeln (Kaffee statt Tee, niemals wieder

Hamburg verlassen, im Zweifel hohe Schuhe), insofern ist das nicht so schlimm.

Und was war das für ein Tohuwabohu mit Benny in meinem Leben. Er kreuzte zu den unmöglichsten Zeiten bei mir auf und hatte immer die verrücktesten Substanzen im Schlepptau. Vor den meisten Sachen hatte ich zu viel Schiss und ließ lieber die Finger davon, aber ich lernte bald an seinen Augen zu erkennen, was er genommen hatte. Stand er nachts um drei vor meiner Tür, mit Augen groß wie Feuermelder und einem leichten Zittern auf der Lippe: Speed. Morgens um halb sieben, mit einem gehetzten Ausdruck im Gesicht und der absurden Geschichte, dass ein riesiger Wolf hinter ihm her wäre: LSD. Gegen Mitternacht, auf Knien und mit einem Dutzend Liebeserklärungen im Gepäck: Ecstasy. An allen anderen Tagen: Gras•

Vielleicht sollte ich noch erwähnen, dass seine Mutter Drogenpsychologin war.

Der Typ hatte so dermaßen ein Rad ab.

Einmal tauchte er am Nachmittag bei mir auf und sagte:

»Wir müssen sofort in den Wald fahren.«

»In den Wald?«, fragte ich.

Er nickte und zog mich am Arm aus der Tür, ich konnte mir gerade noch ein Paar Schuhe schnappen.

Er lotste mich in Richtung Norden aus der Stadt heraus, in eine Gegend, die sehr ländlich war. Wir fuhren durch ein Dorf nach dem nächsten, es wurde immer einsamer und so langsam auch finster, zumindest gefühlt. Als wir endlich mitten im Wald waren, sollte ich links auf einen geschotterten Weg einbiegen. Der Weg führte zu einem völlig verfallenen Hof, der aussah wie eine Räuberhöhle. An den Hof grenzte eine noch verfallenere Hütte, und vor der hielten wir schließlich an.

Benny sprang raus, er war total aufgeregt. Ich hinterher, etwas weniger aufgeregt, dafür aber skeptischer. Benny klopfte an eine Art Tür, und nachdem er noch mal und noch mal geklopft hatte, machte auch jemand auf. Der Typ hatte verfilzte, rote Locken und sah so aus, wie er roch: irgendwie fertig.

»Hey«, sagte er, »cool, dass ihr hier seid.«

»Ja, Mann«, sagte Benny und stürmte die Hütte. Äh. Ja.

Das Innere der Hütte glich einem Möbellazarett. Jedes Stück, das da stand, war entweder zerbrochen, gesplittert oder aufgeplatzt.

Benny und der Typ schoben ein todkrankes Sofa zur Seite, und darunter tauchte eine Falltür auf. Der Typ hievte die Klappe nach oben und holte aus einem doppelten Boden eine schimmelige Kiste hervor, die ungefähr so groß war wie ein Brotkasten. Er setzte sich auf das arme Sofa, legte den Kasten auf seine Knie und streichelte darüber.

»Frisch aus Amsterdam«, sagte er bedeutungsschwanger.

»Ich weiß, Mann«, sagte Benny, »ich weiß.«

Ich, äh. Ja.

Der Typ machte den Brotkasten auf und holte (offensichtlich) ein Brot raus, das in ein gammeliges, dunkelrotes Tuch eingewickelt war. Und auch ausgewickelt sah es noch aus wie ein Laib Brot. Wie ein schweres, etwas zu lange gebackenes Vollkornbrot. Bennys Hände wurden ganz hibbelig. Der Typ zog ein Taschenmesser aus der Hosentasche, klappte es auf und schnitt eine dicke Scheibe von dem Brot ab. Von dem Brot aus Hasch. Niemals vorher und niemals nachher habe ich je solch eine Menge an Drogen gesehen. Ich war baff. Ich meine, ich war vierundzwanzig und Benny achtzehn! *Ich* sollte hier die Durchtriebene, Erfahrene, Unglaubliche sein! Aber das war ich nicht. Der Freak war definitiv er.

Der Typ reichte Benny die dicke Scheibe Dope, streifte das Taschenmesser an seiner Hose ab, klappte es zusammen und steckte es wieder ein. Benny jauchzte leise, gab mir den Brocken Dope und kramte in seiner Hosentasche nach Geld. Das Dope lag feucht und kalt und schwer in meiner Hand. Die Jungs wickelten ihren Deal ab. Und ich dachte immer nur: Mein Gott. Mein Gott, mein Gott, mein Gott. Das waren bestimmt zweihundert Gramm. In meiner Hand. Und gleich in meinem Auto. In einer für ihre scharfen Bullen berüchtigten bayerischen Kleinstadt. War ich eigentlich inzwischen total durchgedreht?

Benny nahm mir das Dope wieder ab, wickelte es ordentlich in Alufolie ein, zog mich aus der

Hütte, setzte sich ins Auto, schob das Päckchen ins Handschuhfach und sagte:

»So. Geht los?«

Ich fuhr mit zitternden Händen zurück in die Stadt. Dass uns keiner hochgenommen hat, erscheint mir bis heute wie ein Wunder. Wir hätten einfach mal schön in den Knast gehen können.

Aber wir sind ja noch mal davongekommen. Und so fuhr ich ihn weiter fast jeden Morgen zur Schule, oft hatte er auch Drogen im Gepäck. Wichtig war für mich, meine Sonnenbrille aufzuhaben, um den aufdringlichen Blicken seiner Kumpels zu entgehen, die immer auf dem Schulhof standen und rauchten, wenn ich Benny mit quietschenden Reifen dort ablieferte, pünktlich zur dritten Stunde.

Warum das alles? Warum ich mich von einem kleinen Jungen durchschütteln ließ? Es machte einfach einen Riesenspaß. Es war toll mit ihm, es war zu jeder Sekunde anders, und er war einfach wahnsinnig süß. Einmal hatte ich ein kleines Kätzchen zu Besuch, das war gerade mal sechs Wochen alt und ein niedlicher Mädchenmagnet. Ich hatte permanent die ganze Bude voller Freundinnen. Irgendwann wurde das dem Kätzchen wohl zu bunt, und da verzog es sich in den Schornstein. War plötzlich einfach verschwunden und maunzte hinter der Wand. Die Damen waren natürlich in heller Aufregung. Wenn dem Kätzchen jetzt was passierte!

Als dann auch noch Benny vor der Tür stand, verlor ich die Nerven.

»Ich hab jetzt keine Zeit«, schimpfte ich, »ich hab die Bude voll, und die Katze ist in den Schornstein gekrochen!«

Er nahm meine Hände in seine und sagte:

»Lassen Sie mich durch, ich bin der Katzenmann.«

Ich ließ ihn durch.

Als ich das Zimmer betrat, kniete er vor dem Kamin und hatte den rechten Arm bis zum Anschlag in den Kamin gesteckt.

»Los, du Ganove«, schnurrte er, »komm raus, mein Freund!«

Meine Freundinnen hatten einen Halbkreis um ihn gebildet.

Und es dauerte zwei Minuten, da war der Ganove aus dem Kamin gekrochen und saß bei dem anderen Ganoven auf dem Schoß und ließ sich von dessen rußgeschwärzter Hand streicheln und schnurrte, was das Zeug hielt. Meine Freundinnen zerflossen auf der Stelle auf meinem Teppichboden. Und ich begriff: Benny gemeinsam mit der Katze – das war der wirkliche Mädchenmagnet.

Außerdem war er ein sensationeller Liebhaber, und das mit achtzehn. Es ist wahr, wirklich. Ich glaube, das war angeboren. Es war auch nicht so, dass er irgendwas Besonderes draufgehabt hätte. Es war einfach die Art, wie er es tat. Wie er mich anfasste und ansah, wenn wir miteinander im Bett waren. Wie er sich hingab und mich mitriss und sich abschoss mit Sex. Machen wir uns nichts vor: Vermutlich war es nur eine weitere Droge für ihn.

Aber ich möchte gar nicht wissen, wie viele Herzen der Mann inzwischen gebrochen hat.

Und was überhaupt aus ihm geworden ist. Am Ende unseres gemeinsamen Sommers ist er auf jeden Fall mit Pauken und Trompeten durchs Abi gerasselt. Ich fühlte mich ein bisschen schuldig deswegen. Und ich hoffe, dass das alles noch gut ausgegangen ist.

Wenn ich heute an meinem Schreibtisch sitze, bleibt mein Blick oft an einem billigen Bild in einem Holzrahmen an der gegenüberliegenden Wand hängen, das mein Kollege mal auf dem Sperrmüll gefunden hat. Auf dem Bild ist eine junge Frau zu sehen. Sie trägt ein schlampiges Kleid, das ihr über die Schultern rutscht, ihre dicken, dunklen Zöpfe hängen ihr ins Dekolleté, ihre Wangen sind rosig und ihre Lippen haben einen gefährlichen Schwung. Unter einem zotteligen Pony blitzen ihre wilden Augen hervor; sie grinst mehr als dass sie lächelt, und die Blume in ihrer Hand sieht aus, als wäre sie in Wirklichkeit eine Waffe•

Irgendwie erinnert sie mich an ihn.

Der Gangster of Love mit der Gitarre:

Mr. Johnny Cash

Definitiv ein Straßenköter, aber sicher eher ein ungewöhnlicher: the Man in Black. Er war die zartbesaitete, gefühlvolle Variante des Streuners. Er trug schwarz für die Armen und die Unterdrückten und die, die nicht in Freiheit leben dürfen, und er sang Lieder, die immer klangen, als wäre eben jemand vorbeigekommen und hätte ihm das Pferd erschossen.

J. R. Cash wurde am 26. Februar 1932 geboren und war ein empfindsamer Junge. Er wuchs im Schatten eines toten älteren Bruders auf, und sein Vater fragte ihn gerne mal, warum eigentlich nicht er es war, der den Unfall mit der Kreissäge gehabt hatte.

Als junger Mann versuchte Johnny Cash sich – eingeschüchtert, wie er war – erst mal als Langweiler. Er ging zur Army, heiratete und arbeitete als Vertreter für Elektrogeräte. 1955 hielt er es nicht mehr aus und traute sich raus. Er spielte gemeinsam mit seiner Garagenband The Tennese Two bei Sam Phillips' Plattenfirma Sun Records vor. Der schnarrende Boom-Chicka-Boom-Sound der drei traurigen Vögel schlüpfte den Leuten ins Herz, und im Mai 1956 landete Johnny Cash mit I Walk The Line seinen ersten Nummer-eins-Hit in den amerikanischen Country Charts. Zu dieser Zeit lernte er auch seine große Liebe June Carter kennen. Und er fing an, seine Konzerte grundsätzlich mit »Hello, I'm Johnny Cash« zu eröffnen. Man kann ja nie wissen, wen man eigentlich vor sich hat. 1957 nahm er zum ersten Mal Tabletten. Die Sucht nach Mitteln gegen den Schmerz sollte ihn bis in die achtziger Jahre in ihrer Gewalt haben.

Johnny Cash sang seine Songs in einem tiefen Bariton, der im Alter herzzerreißend brüchig wurde. Die Frauen liebten ihn, aber er liebte immer nur June Carter, auch wenn er eine ganze Weile mit Vivian Liberto verheiratet war.

Berechtigte Frage: Was ließ einen, der vermutlich nur einer Frau (Vivian) das Herz gebrochen hat, im Rudel der Streuner mitlaufen?

Antwort: Bei Johnny Cash ging's nicht um Frauen, in seinen Songs nicht – und geht es auch nicht in dieser Geschichte. Es geht um seine Haltung zur Welt. Und die war die eines gesetzlosen Romantikers. Eines Typen, der auf Regeln pfiff, aber nicht auf Leidenschaften. Den es verrückt zu machen schien, dass Menschen in Gefängnissen sitzen. Der sich seinen Sehnsüchten und seiner Sucht hingab und sich nicht darum scherte, welche Zerstörung das anrichtete. Er war der wohl gefühlvollste und zarteste aller Sauhunde. Und er sah dabei so umwerfend aus, langbeinig und breitschultrig und massiv, in seiner schwarzen Klamotte, mit seinem glänzenden, dunklen Haar und dem gar nicht hübschen, aber schon in jungen Jahren herrlich furchigen Gesicht.

»And you can have it all, my empire of dirt«, sang er.

Am 12. September 2003 hörte Johnny Cash für immer auf zu singen.

Hauptsache, die Brücke steht

Es gab mal eine Zeit, da war ich viel mit Flugzeugen unterwegs. Ich hasste es, und ich liebte es. Ich hasste die Enge und die Langeweile während des Fluges, ich hasste das mechanische Lächeln der Stewardessen, ich hasste die Filme, die sie zeigten, und ich hasste die Air-Conditioning, diese unfreundliche künstliche Luft, die Schleimhäute und Gehirne austrocknen lässt. Am Ende eines langen Fluges hat man einen Kopf aus Pergament, davon bin ich überzeugt. Der Kopf ist dann keinen Pfifferling mehr wert, das merkt man doch sofort, nach einem Überseeflug zum Beispiel•

Aber ich liebte das viele Fliegen eben auch. Weil Fliegen grundsätzlich ein Wahnsinn ist. Die Tatsache, dass man abends in Europa eine Maschine besteigt und sie morgens in Amerika wieder verlässt, ist doch ein Hammer! Und dann die Schlange am Check-in-Schalter bei Linienflügen. Coole, unaufgeregte Gott-wie-oft-habe-ich-schon-in-solchen-

Schlangen-gestanden-Gesichter. Meistens Männer. Mit Telefonen. Die ganze Situation wirkte total wichtig und auch ein bisschen unsympathisch, aber irgendwie selbstverständlich. Und wenn man mittendrin war, fühlte es sich gut an. Für mich: Ich bin nur eine mickrige Zwergschnauzermischung, aber heute darf ich mal mit den großen Hunden pinkeln gehen. Am liebsten hätte ich in der Schlange geraucht und Cocktails getrunken, so super fühlte es sich an. Ich beließ es dann aber meistens dabei, eine große Sonnenbrille zu tragen, die ich unter keinen Umständen absetzte, auch wenn es überhaupt keinen Sinn hatte, eine aufzuhaben. Wie zum Beispiel morgens um sieben im Winter, auf dem Weg von Hamburg nach Zürich.

Und einmal, an einem frühen Abend am Flughafen JFK in New York, stand in der Schlange vor dem Schalter nebenan ein unglaublich gutaussehender Typ. Knappe zwei Meter groß, ausgewaschene 501, schlichter Rolli, dunkle Haare unter einer Baseballkappe, knallharte Sonnenbrille, Gesicht wie gemeißelt. Modell: Filmstar. Und, hei-

lige Scheiße, er sah zu mir rüber, vermutlich aus Versehen. Ich wurde auf der Stelle zu etwas, das nicht mehr so gut denken konnte, und in meinem Kopf war nur noch dieses eine Wort: Boah•

Ich verschwand vorsichtshalber komplett in meiner Handtasche und suchte ganz dringend nach IRGENDETWAS. Und dann war er auch schon durch und auf dem Weg zum Gate oder zur internationalen Stuntmenversammlung oder zum Pilotenschein.

Der Typ war für alles gut.

Ich brauchte eine gute halbe Stunde und fünf hastig inhalierte Zigaretten, um mich wieder einzukriegen. Nur, um eine weitere halbe Stunde später, kurz vor dem Start, erneut die Englein klingeln zu hören:

»Entschuldigung, ist dieser Platz noch frei?«

Seine Stimme hörte sich an wie dunkler, aufgeplatzter Samt, und er rollte das »r«, wie ich es noch nie jemanden rollen gehört hatte.

Und ich fragte mich:

1. Seit wann setzt man sich im Flugzeug um?

2. Wie konnte es sein, dass dieser unfassbar

attraktive Typ von allen fast leeren Sitzreihen ausgerechnet meine am ansprechendsten fand?

3. Was sollte ich nur tun?

Ich entschied mich dafür, einfach erst mal gar nichts zu tun und zu sagen. Ich blieb einfach unbeweglich am Fenster sitzen, lächelte die zwei freien Plätze neben mir an (ein bisschen), versuchte verzweifelt, das Glühen meiner Wangen im Zaum zu halten, und hatte Gott sei Dank meine Sonnenbrille noch auf.

Er setzte sich auf den Gangplatz in meiner Reihe und sagte:

»Danke. Da hinten ist es entsetzlich voll, und das wäre ja eine Quälerei, den ganzen Nachtflug so zusammengeklappt zu sitzen, mit meinen langen Beinen …«

Mhm. Das Wort quietschte in meinem Gehirn, aber ich brachte es nicht heraus. Nicht mal ein winziges Quieken.

Lange Beine. Habe ich schon gesehen, so ist das ja nicht. Entsetzlich.

Er machte es sich gemütlich. Nahm die Baseballkappe ab und fuhr sich mit der Hand durchs glän-

zende Haar. Da waren amtliche Geheimratsecken zu
sehen, aber das machte ihn nur noch attraktiver. Es
gab seinem hübschen Gesicht einen extravaganten
und betörend erwachsenen Schnitt. Er verströmte
einen Geruch von Strand, ja, er roch nach Wasser
und Sand und Sonne und hellem Kinderlachen. Ich
war sehr froh, dass ich saß, sonst wäre ich eventuell
umgekippt. Und dann sah ich erst mal so konzentriert wie möglich aus dem Fenster. Acht Stunden
von New York nach Paris waren eine lange Zeit, da
musste man nichts überstürzen. Mein Gott, acht
Stunden neben diesem Wunder von Mann!

Ich schätzte ihn auf ungefähr so alt wie ich, so
Richtung Ende zwanzig. Sein Akzent und sein rol-
lendes »r« klangen nach einer Kindheit und Jugend
im südeuropäischen Ausland, und auch sein Teint
sprach nicht gerade für nordische Vorfahren, aber
sicher war ich mir mit all dem nicht. Er wirkte einfach viel zu sehr wie eine Erscheinung und viel zu
wenig wie ein echter Mensch•

Um auf gar keinen Fall total auffällig in sein
Gesicht zu starren, starrte ich auf seine Oberschen-

kel. Unter einer dünnen Jeans spannten sich lange, athletische Muskeln. Und als er nach dem Start beim Gemütlichkeitschaffen etwas tiefer in seinen Sitz rutschte, klappte er seine Beine nach links und schob sie – zack! – bis fast zu meinen leicht nach rechts geklappten Beinen. Dabei lächelte er mich an, als wollte er sagen: Ist es nicht toll, dass wir zusammen von New York nach Paris fliegen?

Ich zerfloss augenblicklich. Mein letzter Rest Widerstand zerbrach. Ich schob meine Sonnenbrille zurück und sagte den wohl dümmsten Satz meines Lebens:

»Fliegst du auch nach Paris?«

Noch während das Fragezeichen meinen Mund verließ, betete ich darum, unter mir möge sich eine Falltür öffnen, und die Boeing 737 würde mich einfach über New Jersey abwerfen, oder wo immer wir auch gerade waren.

Aber er reagierte wie ein echter Gentleman: Er ignorierte meine Dummheit und sagte, von da müsse er weiter nach Köln, und ob ich denn auch? Nein, unglücklicherweise musste ich dann weiter nach Hamburg.

»Dann«, sagte er, »machen wir uns eben hier ein paar nette Stunden, oder?«

Er zwinkerte. Ich fragte mich, wie rot man eigentlich werden kann und ob einem vielleicht irgendwann einfach der Kopf platzt.

»Ich kann ja nie so gut schlafen im Flugzeug«, sagte ich. Warum, zum Teufel, fiel mir nicht endlich mal was Intelligentes, Aufregendes ein?

»Perfekt«, sagte er und rollte genüsslich das »r«. »Ich auch nicht.«

Er winkte die Stewardess heran und bestellte eine kleine Flasche Weißwein und zwei Gläser, was eigentlich ziemlich dreist war, wenn man bedenkt, dass wir in der Holzklasse saßen. Aber die Stewardess war offensichtlich genauso hin und weg von ihm wie ich und beeilte sich, uns unsere Getränke zu bringen, obwohl die Anschnallzeichen noch längst nicht erloschen waren.

Und dann, irgendwo über dem Atlantischen Ozean, gingen bei mir alle Lichter aus. Oder gingen sie an? Brannten sie gar durch? Ich saß inzwischen seitlich auf meinem Sitz, mit dem Rücken zum Fenster, das Gesicht zu dem Mann neben mir gerichtet und den Beinen über die beiden Sitze zu meiner rechten Seite ausgestreckt. Ich glaube, meine Füße berührten seine Hüfte. Er hing supercool schräg in seinem Sessel, die Beine irgendwo unter den drei Decken, die wir uns teilten. Das Licht in der Kabine war aus, nur über unseren Köpfen glühte eine winzige Funzel. Der Weißwein war längst alle, die Erdbeeren auch (so wäre es im Hotel gewesen), und mein Herz war bis oben hin voll mit: Luis. Halb Hamburger, halb Brasilianer. Kurz vor dem Ende seines Architekturstudiums. Teilte sich mit seiner Mutter und seinen beiden Schwestern eine Vierzimmerwohnung in der Kölner Innenstadt•

Ich war so was von überwältigt, von allem, was er erzählte. Von seiner Jugend in Brasilien (er war natürlich sehr privilegiert aufgewachsen, aber das hatte trotzdem so was wahnsinnig sozialromantisches), von seinen Schwestern (das mussten unfassbar bezaubernde Wesen sein) und von seiner Liebe zur Architektur (ich für meinen Teil hatte immer eher leidenschaftslos in der Gegend herumstudiert). Das alles erzählte er mit einem sanften Lächeln, das

zu sagen schien: Ich finde dich sehr, sehr sexy, aber ich bin nun mal nicht der Typ für einen schnellen Fick.

Wenn jemand wissen will, wie man Frauen um den Verstand bringt: So macht man das. Die Superprofis fassen den Frauen dann noch ab und an – ganz zufällig – an die nackten Füße.

Als wir am nächsten Morgen in Paris (Paris!) landeten, schien die Sonne in mein fahles Nachtfluggesicht, und ich war völlig von Sinnen. Man könnte jetzt sagen, okay, sie hat ja auch keine Minute geschlafen, aber machen wir uns nichts vor: Das war was Hormonelles. Luis hatte mich nach Strich und Faden um den Finger gewickelt, und das, was ich als gerührtes Lächeln der anderen Passagiere wahrnahm (»Ach, süß, die beiden.«), war wohl eher ein mitleidiges Grinsen (»Meine Güte, das arme Ding.«). Ich jedenfalls schwebte durch den Transitbereich zum Gate für meinen Weiterflug nach Hamburg, und Luis schwebte die ganze Zeit neben mir, denn er brachte mich selbstverständlich zum Flugzeug. Auch im Nachhinein, nach allem, was war, nach gut zehn Jahren, muss ich sagen, dass ich wirklich nie einem galanteren, aufmerksameren Mann begegnet bin. Es war zum Beispiel so, dass er beim Laufen immer darauf achtete, so zu gehen, dass er mir ins Gesicht schauen konnte, aber trotzdem rannte er nicht blöde mit dem Rücken zuerst vorweg. Manchmal, wenn mir langweilig ist, frage ich mich, wie er das eigentlich gemacht hat, ohne auf die Schnauze zu fallen. Ich kann es mir nicht erklären•

Ach, er war so wundervoll. Und wenn man bedenkt, dass er auch noch irre attraktiv war, dann kann man sich vielleicht ungefähr vorstellen, dass ich meine Nerven verlor wie eine alte Gitarre ihre Saiten: Einer nach dem anderen gab seinen Geist auf und dabei einen dahingehauchten zarten Ton von sich.

Der Flug nach Hamburg war fast schon geschlossen, als wir am Gate ankamen. Ich musste da schnell rein. Und ich hatte keine Ahnung, wie ich mich verabschieden sollte. Wie ich ihm meine Telefonnummer unterjubeln könnte.

»Ich muss da schnell rein«, sagte ich. »Willste meine Telefonnummer haben?«

Autsch! Verdammt.

»Keine Sorge«, sagte er. »Ich werde dich schon finden.«

Und dann nahm er meinen Kopf in seine Hände, beugte sich zu mir herunter und küsste mich. Weich und entschlossen und auf den Mund. Ich schaffte es kaum noch in meinen Flieger.

Küsse an Flughäfen hauen mich einfach immer um.

Üblicherweise wäre es jetzt so weitergegangen: Sie erzählt allen Freundinnen und Kolleginnen und sowieso der ganzen Stadt, dass sie IHN endlich getroffen hat. Das muss er sein, das ist der Typ, das ist der für immer, und wie hinreißend bitte schön ist diese Geschichte? Im Flugzeug kennengelernt! Über dem Atlantik! Eins-a-Geschichte. Sobald alle Bescheid wissen, geht die Warterei los. Hm. Er hat ihren Nachnamen, und er weiß, wo sie arbeitet, und er hat doch gesagt, er findet sie, und warum, zur Hölle, ruft er dann nicht endlich an? Die ersten drei Tage ohne Anruf gehen noch als Zurückhaltung durch, als Rauszögern vielleicht, zum Spannungsaufbau. Ab dem vierten Tag wird es beunruhigend, und sie hört auf damit, die Geschichte zu erzählen. Wissen eh schon zu viele. Nach einer Woche wird es schlimm. Dann ist nämlich klar: Der ruft nicht mehr an. Doppelt schlimm: Die Enttäuschung wird von dem fiesen Gefühl der Peinlichkeit begleitet. Warum konnte sie nicht einfach die Klappe halten? Warum musste sie allen, aber auch wirklich allen davon erzählen? Wie konnte sie nur auf so einen Blender hereinfallen?

So würde das üblicherweise laufen.

Das total Merkwürdige an Luis war: Er rief tatsächlich an. Zwei Tage nachdem wir uns in Paris verabschiedet hatten, klingelte das Telefon auf meinem Schreibtisch.

Ich war von den Socken. Er wollte ein bisschen mit mir plaudern. Er wollte mich sehen. Er wollte nach Hamburg kommen. Wenn mir das recht wäre. Türlich, türlich, sicher, Digger! Und wie recht mir das wäre. Ob mir das nächste Wochenende passen würde? Da hätte ein Freund von ihm Geburtstag, er

könnte das also total elegant verbinden. Ich dachte nur: Au ja. Ich werd dich auch mal schön verbinden. Nachdem wir aufgelegt hatten rannte ich einmal quer durchs Büro und erzählte allen, dass er angerufen hatte.

Freitag, am späten Nachmittag, kurz bevor ich mich auf den Weg nach Hause machen wollte, um mich so was von aufzurüschen, klingelte mein Telefon. Luis war dran•

»Ich kann nicht nach Hamburg kommen«, sagte er. »Ich muss noch eine Brücke bauen.«

»Oh«, sagte ich. »Eine Brücke?«

»Ja«, sagte er.

Ich war beeindruckt. Eine Brücke. Brücken sind wichtig. Wir sollten alle mehr Brücken bauen.

Das nächste Mal rief ich ihn an•

»Ich bin nächstes Wochenende zufällig in Essen«, sagte ich, »meine Freundin Kate besuchen.«

»Das ist nicht weit von Köln«, sagte er. »Da sehen wir uns.«

Perfekt. Genau so hatte ich mir das vorgestellt.

Freitag setzte ich mich in die Bahn und fuhr nach Essen. Luis wollte mich Samstagabend um acht am Bahnhof in Essen treffen. Ich hatte ihm die Telefonnummer von Kate gegeben. Für alle Fälle. Samstag um sechs rief er an.

»Es wird zwei Stunden später«, sagte er, »ich bin erst um zehn in Essen.«

»Ach«, sagte ich.

»Ja«, sagte er, »ich muss noch eine Brücke bauen.«

»Okay«, sagte ich, »dann bis dann.«

Ich fragte mich langsam, ob Architekten eigentlich so was waren wie Ärzte. So Notfalltypen. Dauernd müssen sie noch irgendwas bauen, bevor sie sich in Ruhe mit Frauen treffen können. Lassen Sie mich durch, ich bin Architekt.

Um kurz vor zehn stand ich einigermaßen aufgeregt am Essener Bahnhof rum. Und um kurz nach zehn stand Luis vor mir. Groß und gutaussehend und umwerfend, so wie ich ihn in Erinnerung hatte.

Wir liefen los, hinein in die Essener Nacht. Da gab es nicht viel zu sehen, eine ausgestorbene Fußgängerzone, ein paar Blumenkübel aus Beton, hier

und da mal eine Bank, ein Kino ohne Spätvorstel-
lung. Uns reichte das vollkommen. In der Fußgängerzone waren wir so schön alleine, wir konnten
ungestört zwischen den Betonkübeln hin und her
streifen, unterm Vordach vom Kino rumlungern,
immer näher rankommen an den anderen, und
irgendwann, endlich, klingelte es, und ich wurde
geküsst, geküsst, geküsst, das war ein sensationeller
Kuss, groß und stark und vermutlich brasilianisch,
und ich bekam auf einen Schlag weiche Knie, und
ich dachte: Wow. Gleich kippt entweder das Kino
um, oder ich. Wir schafften es gerade noch auf eine
von den sinnlos in der Nacht herumstehenden
Bänken, bevor jemand umkippen konnte, und da
blieben wir dann. Saßen auf der Bank und küssten
uns und hielten uns fest, Penner de luxe, bis in den
Morgen. Als die Sonne aufging über Essen, fühlten
sich meine Lippen an wie ein Schlauchboot, und
meine Augen und mein Herz brannten. Ich war
glücklich.

Wir verabschiedeten uns am Bahnsteig, und ich
versprach, ihn in zwei Wochen in Köln zu besuchen.

Zu hause angekommen, tat ich nicht sehr viel. Ich schwebte lediglich so ein bisschen in der Gegend herum. Und irgendwann bekam ich Post. Ein Zugticket von Hamburg nach Köln, mit Platzreservierung und einem Zettel, auf dem stand:

»Ich freu mich auf dich.«

Ich stieß mir den Kopf an der Decke.

Am fraglichen Tag, zur fraglichen Uhrzeit, am fraglichen Bahngleis, wartend auf den fraglichen Zug, der mich nach Köln bringen sollte, trug ich mein schönstes Kleid. Es war alles so aufregend. Ich hatte das Gefühl, direkt zum Traualtar zu fahren. Besonders, als ich dann im Zug saß und mein Name ausgerufen wurde, irgendwo hinter Bremen. Wenn ich mich im Zug befände, solle ich mich doch bitte mal im Bordrestaurant melden. Ich meldete mich sofort im Bordrestaurant, bei solchen Durchsagen denkt man ja immer erst mal an das Schlimmste•

Es war nicht schlimm. Es war unglaublich. Die Kellner hielten mir eine rote Rose unter die Nase, ein hochnäsiges, langstieliges Ding•

»Ihr Freund hat uns gebeten, Ihnen das zu geben.«

Kann irgendwer nicht nachvollziehen, *wie* toll ich diesen Luis fand? *Wie* verliebt ich in den war?

Und es hörte nicht auf. Er holte mich am Bahnhof ab, mit den restlichen Rosen, das waren ungefähr fünfundzwanzig. Er hob mich wieder in die Luft und küsste mich, und dann fuhren wir zu ihm nach Hause, und da waren seine Mutter und seine Schwestern, herzliche Frauen allesamt. Ich verbrachte einen wunderbaren Abend in Köln. Und natürlich ging ich mit ihm ins Bett, die ganze Nacht. Ich hatte das Gefühl, das kann man jetzt langsam mal machen, und er hatte sich so ins Zeug gelegt, da sollte er auch endlich mal was von haben, und er war ja auch Architekt, und ach.

Ich fand, ich war so gut wie verheiratet. Frau Architekt.

Am nächsten Morgen war ich so gut wie am Arsch, dreißig Sekunden nach dem Aufwachen. Zwei Minuten nach dem Aufwachen war ich definitiv am Arsch. Ich weiß bis heute nicht, was der Typ genau gemacht hat, ich schätze, er hat einfach die Heizung abgedreht. Und die Tür zur Kühlkammer aufgemacht. Ich lag neben ihm und war am Erfrieren. So kalt war er. Er tat, als wäre ich gar nicht da. Alle Rosen verblüht. So schlecht im Bett kann man doch gar nicht sein, dass einen jemand so schnell so scheiße findet●

»Wann geht dein Zug?«, fragte er, als ich aus dem Bad kam. Ich hatte mich vorsichtshalber gleich komplett angezogen, mit Schuhen. Ich hatte geahnt, dass ein Rausschmiss bevorstand.

»Um Viertel nach eins«, sagte ich. Es tat richtig weh, zu sprechen. Mit ihm zu sprechen.

»Dann kannst du ja noch was frühstücken gehen«, sagte er.

»Und du?«, fragte ich. »Was machst du?«

»Ich habe keine Zeit«, sagte er. »Ich muss noch eine Brücke bauen.«

Lassen Sie mich durch, ich bin auf einen Architekten reingefallen. Ich schnappte mir meine Tasche, sagte »Okay, ich bin dann weg«, und verließ sein Schlafzimmer. Im Flur fand ich mich nicht gleich zurecht, ich war auch einfach so verwirrt.

Statt der Wohnungstür öffnete ich die Tür zu einer Art Kammer. In der Kammer war nicht viel. Nur eine hässliche, graue Jalousie vor dem Fenster und ein klobiger, weißer Schreibtisch. Auf dem Schreibtisch stand ein wackliges Modell aus Pappe. Links ein Haus, rechts ein Haus. Dazwischen eine Brücke. Die Brücke hing in der Mitte durch und sah etwas mitgenommen aus. Als würde jemand immer wieder daran herumfummeln. Und es war offensichtlich: Irgendwie hielt sie nicht.

Blaue Nase geholt
(und verdammt viel gelernt)

Da gab es mal einen Kollegen. Wir waren beide neu im Büro, und an meinem ersten Arbeitstag, als ich sowieso schon alles so anstrengend fand, kam auch noch dieser Typ durch die Tür und bezog den Schreibtisch neben mir, und ich dachte nur: O Mann. So einer wie der hat mir jetzt gerade noch gefehlt. Einer, der weiß, dass er ordentlich Schlag bei den Girls hat und das meterweit heraushängen lässt. Mit Haaren zum Schnicken, mit Hemd zur Lederjacke und mit langen Beinen, mitten in den Raum gestellt. So ein Achtung-Mädels-ich-bin-da-Typ. Meine Güte, fand ich den zum Kotzen. Und ich verspürte zum ersten Mal im Leben dieses Gefühl, das noch oft kommen sollte, aber mit Ende zwanzig sehr erhebend und zweifellos supercool ist: Über so was bin ich echt hinaus. Bin ich froh, dass mich Typen aus dieser schwachen Abteilung nicht mehr interessieren●

Äh. Ja.

Also, es war dann so: Nach ein paar Wochen fand ich Kalle doch ganz nett. Er war gar nicht das Arschloch, für das man ihn auf den ersten Blick hätte halten können, ehrlich. Es war sogar fast rührend, wie wichtig es ihm immer war, in Gesellschaft mittagessen zu gehen, und wie er darauf achtete, dass auch die dünne Kollegin aus dem Büro gegenüber was zu sich nahm.

»Wir nehmen ihr ein Käsebrötchen mit«, sagte er immer, wenn sie so tat, als hätte sie zu viel zu tun, um essen gehen zu können und ja eigentlich sowieso nie Hunger hatte.

»Das geht nicht«, sagte er, »dass die Frauen immer nichts essen.«

Dabei lief er den Gang herunter, als wäre er Steve McQueen. Und stets hatte er einen flirtenden Blick übrig für all jene unter uns, deren Hüftknochen nicht auf Anhieb zu sehen waren.

Es war richtig schwer, Kalle nicht zu mögen.

Dann, eines lauen Sommerabends, zündete er sich eine Zigarette an und sagte:

»Ich will heute Abend nicht alleine sein. Gehst du mit mir aus?«

»Unter Kollegen?«, fragte ich.

»Unter Freunden«, sagte er.

Ich wusste nicht so recht. Ich wollte mich hier im Büro eigentlich aus allem raushalten. Job ist Job, und Schnaps ist Schnaps.

»Jetzt komm schon«, sagte er. »Sei kein Frosch.«

»Okay«, sagte ich. »Unter Kollegen.«

Unter Kollegen ging dann so bis halb sechs. Dass es in dieser Nacht bei Kollegialität blieb, lag vor allem daran, dass ich unpassende Unterwäsche anhatte, wie ich fand. Denn er war einfach so, so … ach.

Kalle war genau das, was man nachts auf der Straße brauchte: ein handfester Verbündeter. Er ging hart aber herzlich zur Sache. Kein Smalltalk, sondern offene Worte. Keine bunten Cocktails, sondern ehrliches Bier und klarer Gin. Stetiger Kneipenwechsel, immer in Bewegung bleiben, und zwischendrin ein Glas Wasser für den Kopf, manchmal auch fürs Gesicht. Gegen Morgen dann zum Fluss und eine Runde in die Sehnsucht geschaut.

Und er sagte: »Jetzt alleine nach Hause ist doch auch doof.«

Ich tat cool und sagte, dass alleine nach Hause jetzt genau das Richtige sei.

Zuhause lag ich wach und verzehrte mich.

 **Am** nächsten Tag im Büro tat er so, als wäre nichts gewesen. Als wären wir nicht Hand in Hand durchs Rotlichtviertel marschiert, als hätten wir niemals Arm in Arm am Fluss gesessen und billigen Kaffee aus Pappbechern getrunken. Als wären wir nicht über Nacht zu den dicksten Freunden geworden. Einen kurzen Moment lang war ich empört. Aber dann dachte ich: Ist eigentlich ziemlich super. Geht ja auch keinen etwas an, unser Dings, oder wie auch immer man das nennen möchte, was wir da nach Feierabend gemacht hatten.

Ein Dings.

Schlag neunzehn Uhr, als alle sich ins Privatleben verflüchtigten, lehnte er sich zurück, zündete sich wieder eine Zigarette an und sagte:

»Boah, bin ich k. o., jetzt was essen und dann aufs Sofa, oder?«

»Genau«, sagte ich, »so mach ich das auch.«

»Gut«, sagte er, »dann komm. Ich hab noch den Film zu Hause, den ich eigentlich gestern sehen wollte.«

»Äh ...«, sagte ich.

»Was? Haste was vor?«

»Äh, nein ...«, sagte ich.

»Na, dann los«, sagte er, »fängt gleich an zu regnen.«

In dieser Nacht übernachtete ich zum ersten Mal bei ihm. Ich schlief schon auf dem Sofa ein. Er muss mich irgendwie ins Bett geschafft haben. Und dann hielt er mich die ganze Nacht fest, einfach nur so.

Dass wir niemals zusammen ins Büro fahren würden, war selbstverständlich, darüber mussten wir nicht sprechen. Es war von Anfang an klar: Wir sind kein Wir. Wir sind ein Dings. Wir verbringen vielleicht die Nächte miteinander, aber es geht hier nicht um Sex, und die Tage sind sowieso zu hell für uns, was sollen wir uns da zeigen. Und überhaupt: geht das alles ja echt keinen was an.

Nach dieser Nacht wartete ich darauf, dass es

losging mit dem Leiden, dass es anfing, mir weh-zutun, weil wir doch nur ein Dings waren und kein Paar, aber trotzdem fast jede Nacht nebeneinander-lagen. Ich würde mich sicher bald verlieben, und dann wäre ich wieder mal unglücklich verliebt, das kannte ich ja.

Es war komisch. Es kam nicht. Es ging mir aus-gezeichnet.

 **Es** ging mir dermaßen ausgezeichnet, dass ich übermütig wurde.

»Komm«, sagte ich eines Abends, als der Som-mer brüllte; wir hatten einen besonders stickigen Tag im Büro hinter uns. »Wir holen uns was zu trin-ken und bleiben heute Nacht einfach hier, auf dem Balkon überm Kanal.«

Er grinste nur. Vorschlag angenommen.

Wir verbrachten also einen großen Teil der Nacht auf dem Bürobalkon. Unter uns glänzte der dunk-le Kanal, über uns leuchtete der helle Stadthimmel, und zwischen uns pulsierte ein Gefühl von Brüder-schaft, von einer ganz speziellen Verbundenheit, als wären wir miteinander aufgewachsen, fast ein bisschen: aneinander festgewachsen. Es war nur logisch, dass wir uns irgendwann noch fester in den Arm nahmen, als wir es bisher getan hatten, dass wir plötzlich nicht mehr gut loslassen konnten, dass es gar nicht mehr so weit war bis zu einem Kuss – und als der dann auch kam, achteten wir nur noch darauf, dass unsere Klamotten nicht in den Kanal fielen.

Kurz bevor der Morgen dämmerte – wir lagen gemütlich auf dem Balkon herum und rauchten Zigaretten –, rief ein Freund von Kalle an. Er wurde oft nachts von Freunden angerufen, die dann entweder gerade sehr glücklich oder in großer Not waren. Irgendwie riefen sie in Extremsituationen immer Kalle an. Er hatte nichts dagegen, er hatte vielmehr das Gefühl, dass das genau richtig so war, und deshalb war sein Telefon auch immer an.

Da rief also dieser Freund an. Der war mit seinem neuen Moped am Hafen unterwegs und wollte nur erzählen, wie glücklich ihn das machte, nachts mit seinem neuen Moped am Hafen zu sein.

»Wir sind ganz in der Nähe«, sagte Kalle, »nimmst du uns mit, wenn du nach Hause fährst?«

Ich zählte kurz durch und dachte: Moment mal. Zu dritt auf einem kleinen Moped?

Der Freund sagte wohl nur: »Klar, nehme ich euch mit.«

Ich habe keinerlei kriminelle Energie, und so war es ein großes Abenteuer für mich, zu dritt und ohne Helm auf einem Moped durch die Nacht zu brausen, auf einem Moped, auf dem keiner auch nur ansatzweise mehr fahrtauglich war. Und, nicht zu vergessen: Ich hatte mit einem Freund gerade Dinge getan, die man unter Freunden eigentlich nicht tut.

Aber auf eine bestimmte Art fühlte sich das alles sehr richtig an.

Und so reihten sich dann die unseriösen Nächte aneinander und ergaben die bunte Perlenkette eines langen Sommers, der nicht unbedingt jünger machte. Die beste Nacht von allen aber war die Nacht in der Beluga Bar•

Die Beluga Bar war ein krasser Elektroschuppen. Ich weiß gar nicht mehr, was wir da gesucht haben. Wir hatten in dieser Nacht schon mehrere Gläser

von innen gesehen, an der Tankstelle zusammen mit den Huren für Kaffee angestanden, uns in Kneipenkellern herumgetrieben, dort, wo es immer besonders laut, dunkel und gefährlich ist, kleine Pillen geschluckt, die uns ein Typ geschenkt hatte und behauptete, dass das dann echt richtig abgeht. Na ja, war schließlich doch nur Süßstoff, aber offensichtlich hatten wir noch lange nicht genug, wir waren noch längst nicht in der Verfassung, um liegen zu wollen. So stolperten wir in die Beluga Bar und begriffen sofort: Hier stehen wir heute richtig. Alles schön mit dunkelrotem Samt ausgeschlagen, sogar die Decke, da kann sich keiner wehtun. Extrapolsterung durch vereinzelte dunkle Gestalten in der Ecke. Tanzendes Volk zwischen Theke und Samtwand, einfach so, ohne Tanzfläche, sehr gut. Viele schon im Unterhemd. Warme, feuchte Angelegenheit. Wir stürzten uns mittenrein. Tanzten mit jedem und allen, rieben uns aneinander und am Samt und ließen die kühlen Getränke in Litern reinlaufen. Es war geradezu bacchantisch. Dazu das volle Bewusstsein: Draußen geht demnächst die Sonne auf. Uns macht das aber gar nichts aus, uns kann ja gar nichts passieren, wir sind anders als die anderen Lichtscheuen, wir haben ja unser Dings. Und streiten können wir uns auch nicht, das machen ja nur Paare. War das schön.

Bis dieser kleine, dünne Typ kam.

Erst war's noch lustig. Weil er so hibbelig war und so total auf uns abfuhr. Er konnte sich einfach nicht entscheiden, wollte abwechselnd Kalle und mich küssen und dann wieder uns beide gleichzeitig. Wir spielten erst mit und dann ein bisschen mit ihm. Wir dachten, den haben wir im Griff. Ich dachte, den haben wir im Griff. Und ich zog meinen Hut davor, wie lässig Kalle mit ihm umsprang. Solche Typen, wie er einer war, kannte ich bisher nur in der äußerst homophoben Variante. Aber Kalle war nicht homophob. Kalle hatte ja eh nie vor irgendwas Angst. Er ließ das kleine Irrlicht erstaunlich nah ran. Um ihm dann immer wieder deutlich zu machen: Da läuft aber nix. Ich bin mit einem Mädchen hier.

Ich war inzwischen komplett raus aus der Nummer. Tanzte schön knülle vor mich hin, ganz in Ruhe, der Kleine hatte ja kein Interesse mehr an mir. Aus dem Augenwinkel sah ich aber, dass sein

Interesse an Kalle stieg, je mehr der ihn zappeln ließ. Deshalb war ich auch so überrascht, als er plötzlich wieder zu mir herübertaumelte. Meine Güte, der Junge hatte aber echt ein Entscheidungsproblem. Und einen ziemlich stieren Blick drauf. Er fackelte auch nicht lange. Drückte sich ein bisschen an mich, schob mich sanft von der Tanzfläche, bis hin zur Wand, nahm meine Hände hoch und lehnte sich mit seinen dagegen, und ich dachte noch »hoppla«, dachte ich, »was wird denn das jetzt?« Ich war ja auch schon nicht mehr im Vollbesitz meiner Sinne, und da war er plötzlich so nah, dass ich Gin riechen konnte, und dann, zack, biss er mir in die Nase. In den oberen Teil, links und rechts ins Nasenbein. Ich sah auf der Stelle Sternchen, und als ich wieder zu mir kam, war er weg, und ich spürte nur noch meine Nase und sah durch den Nebel, wie Kalle an der Theke eingenickt war.

Keine Ahnung, wie wir es nach Hause geschafft hatten. Wir hatten es definitiv übertrieben. Und ich griff für die nächsten zehn Tage auf dickes Make-up zurück, weil ich es schnell leid war, auf meine Nahkampfverletzung angesprochen zu werden.

Es fühlte sich merkwürdig an, als es aufhörte. Ich glaube, er fand das auch. Es war nicht so, dass wir mit gebrochenen Herzen zurückgeblieben wären, dazu waren wir zu sehr ein Zufall, eine Zweckgemeinschaft, zwei Einsame, die zusammen einfach weniger einsam waren und die Gelegenheit beim Schopf gepackt hatten. Wir waren immer darauf vorbereitet gewesen, dass es spätestens dann aufhören würde, wenn einer von beiden sich in jemanden verlieben würde. Ich hatte mich verliebt, sehr sogar, mir war eine große Liebe begegnet. Aber auch wenn ich glücklich war darüber, auf eine seltsame Art tat es weh, das, was wir miteinander hatten, einfach so zurückzulassen. Einfach damit aufzuhören. Mir war klar, dass ich niemals hätte mit ihm leben können, nicht als Partner und nicht als Liebhaber. Sein Herz war zu unberechenbar, seine Seele versackte zu oft auf der Straße, zwischen zwei alten Autos. Aber er hat mir geholfen zu erkennen, was ich eigentlich war: ein Typ wie er. Genau die gleiche alte Kanaille. Wir waren und sind zwei vom gleichen Stamm. Er hat das sofort erkannt, so wie ein Massai den anderen schon von weitem erkennt, wenn er ihn in

der Wüste sieht. Und wenn es mal regnete, hat er mir seine Berliner-Feuerwehr-Regenjacke geliehen. Ich habe ein bisschen länger gebraucht für solche Gesten und für die Einsicht, wer ich am Ende des Tages bin.

Heute sind wir beide älter geworden und endlich ruhiger. Wir sind immer noch befreundet, auch wenn wir uns nicht oft sprechen und nur noch einmal im Jahr einen trinken gehen. Aber wir wissen: Der andere ist da, sitzt in seiner Stadt und macht hoffentlich viele Dinge richtig und schaut hin und wieder nachts in den Himmel und denkt daran, was für ein geiles Dings wir doch miteinander hatten.

Auch wenn's manchmal hart war.

Der Gangster of Politics:

Gerhard Schröder

Gerhard Schröder ist schnell beleidigt. Die Tore des Kanzleramts blieben zu, als er 1980 daran rüttelte und rief, dass er reinwill: Gemein!

Die Behauptung, er töne seine Haare, also echt: Gemein!

Angela Merkel überholt ihn hauchdünn bei der Bundestagswahl 2005: Obergemein!

Es ist natürlich total albern, immer gleich beleidigt zu sein. Gerade beleidigte Männer sind ja so was von lächerlich (und das war jetzt schon wieder sowas von gemein!), das hält man kaum aus, ohne sich kaputtzulachen. Allerdings kommt es dann doch auch ein bisschen darauf an, wie ein Mann auf eine seiner Meinung nach so hundsgemeine Beleidigung reagiert …

Gerhard Schröder hat sein ganzes Politikerleben lang zurückgebissen. Das hatte nicht nur einen hohen Unterhaltungswert, das hat ihm auch diese gewisse Ausstrahlung verliehen: Einerseits war er zwar total nervtötend, andererseits aber auch zäh, kämpferisch, eigensinnig, radikal, glamourös – interessant. Die Aura eines Typen, der in seiner Kindheit und Jugend von der Welt einsauf die Schnauze gekriegt hat oder zumindest nicht beachtet wurde und dann eines Tages begriff: Jetzt ist Payback-Time. Jetzt wird sich gewehrt, und zwar ordentlich. Dass so einer dann auch mal übertreibt (Wir erinnern uns alle noch an die Elefantenrunde nach der Wahl 2005?), na ja, das gehört dazu, wenn man ein gesteigertes Bedürfnis nach Genugtuung hat. Und dass er sich von wirtschaftlicher Macht locken ließ, sobald die politische an ihrem Ende angelangt war – ich habe ihm das schon verziehen. Ich mochte ihn einfach immer zu gern, diesen Rächer des kleinen Mannes, auch wenn der kleine Mann im System von Gerhard Schröder immer nur er selbst war.

Und man *kann* Gerhard Schröder viel nachsagen, was man ihm aber nachsagen *muss,* ist, dass er echt Schlag bei den Frauen hat. Immerhin hat er vier Damen dazu gebracht, mit ihm vor den Traualtar zu treten. Und ich erinnere mich noch

genau an die Nacht der Bundestagswahl 2002. Ich saß mit meiner Freundin Jule vor der Glotze, und wir fieberten mit Gerd Schröder. Wir hatten große Angst, dass Edmund Stoiber am Ende doch noch Kanzler werden könnte. Und weil das sich so lange hinzog, bis der Gerd durch war mit dem Ding, und wir so unter Strom standen, kam es zu einer heftigen Übersprungshandlung: Wir spielten ein Spiel. Wer von all den Politikern, die hier permanent ihre Nase ins Bild halten, macht wohl welche Geräusche im Bett? (Und es ging nicht um Schlafgeräusche!) Schlimm war in diesem Fall lediglich der Moment, in dem wir Karin Stoiber sichteten (ein Quieken), der Rest war einfach nur ausgesprochen lustig. Wir reden hier wohlgemerkt von Leuten wie Laurenz Meyer (gepresst), Peter Struck (pragmatisch), Guido Westerwelle (ich kann und will es mir einfach nicht vorstellen) und Claudia Roth (anfeuernd – meine Favoritin, heute noch). An so einem Abend sagen ja alle zu allem was. Als dann endlich mal wieder unser Kanzler vor die Kameras trat, waren Jule und ich uns einig: Vom Gerd hört man nichts Peinliches. Er ist im Vergleich zu allen anderen in diesem Zirkus viel zu sexy. Und wenn man sich dann vorstellt, wie es mit ihm wäre, dann ist das kein unangenehmes Gefühl. Zügig, kompromisslos, ohne viel Gefummel, vielleicht ist da eine kräftige Hand im Nacken, im Haar, es ist heiß und dunkel, und in der Ecke des Hotelzimmers (es wäre definitiv ein One-Night-Stand, aber einer mit Stil und Anstand und gegenseitiger Achtung) hängt über dem Stuhl ein nonchalant abgelegter Brioni-Anzug. Danach vielleicht eine Cohiba, kameradschaftlich geteilt, ein langes, aber unverkrampftes gemeinsames Schweigen, der Blick in den Berliner Himmel gerichtet und die Frage: Ist ein streunender Hund, der an die Macht gekommen ist und trotzdem seinen Humor nicht verloren hat, eventuell der Gipfel der Hotness?

Auf Reisen

Es war einer von diesen Abenden, vermut-
lich war es einer von diesen Donnerstagen, halb
Ausgehtag, halb Couchabend, an denen ich zu
Hause auf der Fensterbank sitze, hinunter auf die
Straße starre und denke: Hm. Das kann doch nicht
alles gewesen sein heute. Da geht doch noch was.
Ob da wohl irgendwo noch was los ist?

An solchen Abenden fühlt man sich wie ein
Cowboy, dem das Pferd davongelaufen ist: echt
öde. Und wenn das dann so ist, wenn einem das
Pferd abgehauen ist, dann kann man sich natürlich
vor die Glotze setzen und in Selbstmitleid ertrin-
ken, aber da muss man auch der Typ dafür sein. Ich
war schon immer mehr der Typ für den überhaste-
ten Gegenangriff. Hieß in diesem Fall: schnell raus
und schnell das Pferd suchen, auch wenn ich keine Ahnung habe, wo es hingelaufen ist. Und ob es
überhaupt das Pferd ist, das mir wirklich fehlt.

Also einszweidrei in die alte Büx und die wetterfeste Jacke und die goldenen Stiefel gesprungen und raus, runter auf den Asphalt. Da soll noch mal einer sagen, Frauen brauchen immer so lange. Ich sage: Wenn es schnell gehen muss, geht es auch schnell.

Ich klapperte erst mal die üblichen verdächtigen Orte ab, an denen ich normalerweise immer fand, was ich suchte. Da war aber nichts. Zumindest nichts Aufregendes, was irgendwie in Richtung schickes, schnelles Pferdchen ging. Schon ein bisschen gelangweilt und ganz knapp davor, es dann doch für heute gut sein zu lassen, startete ich noch einen Versuch in dem zwar winzigen, aber sehr bunten Tanzschuppen ums Eck. Da gehen nur Leute hin, die was vom Amüsiergeschäft verstehen. Vielleicht würde ich ja wenigstens ein paar bekannte Nasen aus dem Nachtleben treffen. Mit denen würde ich dann noch ein halbes Stündchen kalauern, und das wäre dann auch okay. So könnte man schlafen gehen.

Der Laden glitzerte in allen Farben, wie immer. Überall waren bunte Seidenblumen und

Lichterketten verteilt, von der Decke hingen Lamettavorhänge und kleine Discokugeln, und die Wände waren tapeziert mit Segelschiffen, Matrosen und Pappmachénixen. Die einzige richtige Beleuchtung kam von ein paar schummrigen, alten Stehlampen mit möglichst puffigen Lampenschirmen. Ich sah erst mal an der Bar nach wer Dienst hatte. Das war Tosh, bingo! Mit Tosh konnte man wunderbar ein paar dumme Sprüche reißen, einen lustigen Cocktail trinken, und dann: ab in die Heia. Tosh war sehr gut aufgelegt an diesem Abend, er freute sich über meinen Besuch, und gab direkt einen aus. Und ich dachte: Ich hatte mir zwar was anderes vorgestellt für diese Nacht, aber irgendwie schmeckt mir das hier gerade erstaunlich gut. Ich bin zufrieden, auch ohne Pferd•

Tosh und ich schnackten ein bisschen in der Gegend herum, was man halt so redet, wenn man sich nur aus dem Nachtleben kennt, neulich war ich da, und warst du schon mal dort, wo ist denn eigentlich die Dings, habe ich auch schon lange nicht mehr gesehen, blablabla. Nebenbei ließ ich meinen Blick so durch den Laden schlendern, bis der plötzlich kleben blieb. Aha. Mhm. Schau mal einer an. Hatte sich hier doch völlig unbemerkt was reingeschmuggelt. Etwas, das Balsam ist für die Seele eines durch die Nacht irrenden Asphaltcowboys auf der Suche nach irgendwas: eine Art Mustang. Wild, stark, schön, mit hellbraunem, struppigen Haar, einer alten, schwarzen Cordhose, einem schwarzen Hemd, einer schwarzen Lederjacke, einem schwarzen Hut, ein perfekter Gangster of Love, ein – Achtung – Zimmermann auf der Durchreise. Hurra! Ein echter Zimmermann. Das ist natürlich mal eine Ansage. Nicht, dass ich bei Handwerkern grundsätzlich durchdrehen würde, so eine bin ich nicht, aber Zimmermänner … wow. Ich habe mal welche aus einem Transporter springen sehen. Die waren im Fünferpack unterwegs. Da ging einfach so vor meiner Nase eine Autotür auf, und dann sprangen sie raus, einer größer und stärker als der andere; hochgewachsene Typen mit furchtlosen Gesichtern, alle so um die dreißig und in dieser unglaublichen coolen Kluft, das hat ja fast schon was von Johnny Cash, wie die rumlaufen. Seit ich das damals gesehen habe, vor einer Baustel-

le in Schleswig-Holstein, habe ich eine ziemliche Schwäche für Zimmermänner.

Der Zimmermann, den der Zufall an diesem Abend in diese freundliche kleine Bar gespült hatte, war wirklich ein Prachtexemplar von einem Streuner. Einer, der sich ganz sicher niemals einfangen lassen würde, das konnte man sofort erkennen. Das freiheitsliebende Blitzen in seinen Augen war nicht zu übersehen, und ich gestand mir vielleicht zum ersten Mal bewusst ein, dass es auch genau das war, was ihn für mich sehr anziehend machte. Was sie alle so anziehend gemacht hatte, die mir in den letzten fünfundzwanzig Jahren das Herz zerkratzt hatten.

Mir wurde unwiderruflich klar: Ich mag Typen, die der Straße näher sind als dem Sofa. Ich stehe auf die ungezähmten, die ohne Frisur und ohne Rasur, die einfach nur sind, was sie sind, und niemals versuchen, etwas zu sein, nur weil das vielleicht so gewünscht wird und am Ende besser ankommt. Ich liebe Männer, und vermutlich liebe ich die unmodernen am allermeisten, die noch so richtig viele Ecken und Kanten haben, an denen man sich dann ab und an eben mal ganz gehörig den Kopf und auch das Herz stößt. Ja. Genau so ist das.

Er schaute unumwunden zu mir herüber. Ich schaute erst mal wieder weg. Man weiß ja, dass es die Frauen sind, die das Signal zum »go« senden, und ich war mir nicht ganz sicher, ob ich bereit war, meinen Plan, nach einem kurzen Plausch mit Tosh nach Hause zu gehen, wieder umzuschmeißen. Aber, ach: Sind Pläne nicht genau dazu da? Um sie jederzeit umzuschmeißen? Letztlich ist das doch der einzige Spaß an Plänen. Ich zog an meinem Strohhalm und schielte vorsichtig zu dem Zimmermann hinüber. Er guckte immer noch. Und wenn er mit seinem Blick nicht Tosh meinte, dann meinte er mich. Außer uns beiden stand keiner an der Bar.

»Meint der dich?«, fragte ich Tosh.

»Nee«, sagte Tosh, »der meint wohl eher dich.«

»Okay«, sagte ich und stellte mein Glas ab, »dann geh ich mal tanzen.«

Das weiß ja jedes Kleinkind, dass man sich ein bisschen Mühe geben muss, wenn man einen schicken Mustang einfangen will. Ich gab mir ordent-

lich Mühe. Hüfte, Beine, Kopf, alles in den Beat ge-
schmissen, und immer schön die Stiefel präsentiert.
Es wäre gar nicht nötig gewesen. Der Zimmermann
hatte längst begriffen, dass ich auf einen Ritt durch
die Nacht aus war. Er ließ seine Augen einfach bei
mir, warf mir unter der Hutkrempe hervor Blicke
zu, eigentlich eher: einen einzigen, langen, festen
Blick. Als ich durch war mit dem Song und dann
irgendwie auch mit dem affigen Getanze, machte er zwei Schritte nach vorne, streckte den Arm
aus, griff nach meiner Hand und zog mich von der
Tanzfläche.

»Hey«, sagte ich.

»Hey ho«, sagte er.

»Man zieht eine Dame nicht einfach so von der
Tanzfläche.«

»Eine Dame nicht«, sagte er und grinste. Die
Sau.

Ich grinste zurück.

»Trinkst du ein Bier mit mir?«, fragte er.

Ich nickte. Er holte zwei Flaschen Bier. Wir
stießen unsere Pullen aneinander, und dann war
eigentlich auch schon alles geregelt.

Eine Sache vielleicht noch: »Wie lange bist du schon unterwegs?«, fragte ich.

»Seit sechs Monaten«, sagte er. »Und du?«

Ich musste lachen und sagte: »Wenn man's genau nimmt, schon mein ganzes verdammtes Leben lang. Wie lange bleibst du in unserer Stadt?«

»Ich bin morgen früh mit einem Kollegen am Hafen verabredet«, sagte er. »Dann hauen wir wieder ab. Es geht noch weiter nach Norden.«

Perfekt. Danke, keine Fragen mehr.

Ich lehnte mich gegen die Wand, ich trank mein Bier aus der Flasche und ich sah ihn an, so wie er noch kurz zuvor mich angesehen hatte. Vermutlich: provozierend, was auch immer. Ich übte. Ich hatte so langsam erkannt, dass ich genauso war wie die, über die ich immer wieder emotional stolperte. Das war befreiend. Es war ein tolles Gefühl, sich einfach ab und an mal eine Sauerei zu gönnen. Aber ich hatte einiges aufzuholen. Offiziell war ich noch neu in dem Geschäft.

Er beobachtete mich dabei und grinste sich einen.

»Das macht dir Spaß, oder?«

Ich nickte.

»Willst du tanzen?«

Ich nickte wieder.

Und so kam er näher, bis er dicht vor mir stand. Er legte den rechten Arm um meine Taille und zog mich zu sich heran, in der linken Hand hielt er sein Bier. Der DJ hatte sich schon vor einer halben Stunde entschieden, auf alten Rock 'n' Roll zu setzen. Wir tanzten trotzdem so langsam, als würde Stehblues laufen. Der Zimmermann wollte das so. Er hielt mich fest und bestimmte das Tempo. Ich sah mir sein Gesicht aus der Nähe an. Ein Jungsgesicht mit vollen Lippen, einem Männerkinn und hellen Blitzeaugen. Ein paar Bartstoppeln, vermutlich: Nassrasur, so einmal die Woche, wenn es gerade passt. Gute, kräftige Zähne. Einen Grinsezug um den Mund, auch wenn er ernst guckte, so wie jetzt. Das lag an seinen Mundwinkeln. Die wollten wohl immer ein bisschen nach oben. Um das Gesicht herum: weiche, hellbraune Haare, keine Frisur. Ich mochte ihn. Ich nahm noch einen Schluck von meinem Bier, stellte es auf dem Tisch neben uns ab, legte meine Arme um seinen Hals und meinen

Kopf an seine Brust. Es war eine breite Brust. Fast ein bisschen hart. Genau richtig. Er zog mich ein bisschen fester ran, aber gerade so, dass es nicht unhöflich war, und es war ja auch gewollt. Und dann tanzten wir eine Weile Stehblues zu schnellem Rock, aber auch nicht ewig um den heißen Brei herum.

»Es ist gleich eins«, sagte er in mein Haar.

»Wie lange haben wir noch Zeit?«, fragte ich.

»Fünf Stunden«, sagte er.

Dann mal los.

Er nahm mich bei der Hand, und wir gingen raus. Die Nacht war nicht besonders warm, aber auch nicht kalt. War einfach okay, so wie sie war. Und wir wussten: Heute brauchen wir kein Dach mehr überm Kopf. Wir bleiben mal schön draußen. Der Himmel wird uns a) prima zudecken und b) schon nicht auf den Kopf fallen.

Wir redeten nicht, als wir durch die Straßen liefen. Ich lief mal nach links, mal nach rechts, worauf ich eben Lust hatte, und er ließ mich machen. Ich hatte ein bisschen das Gefühl, als würde es ihm Spaß machen, mich zu beobachten. Wie ich so

umherlief, ohne Ziel, nur aus Bock, laufen wir halt mal ein bisschen, man wird schon sehen, wohin das führt. Hin und wieder grinsten wir uns an, und dann drückte er meine Hand etwas fester. Einmal sah ich eine Weile zu Boden, und ich mochte, was ich sah: seine großen, schweren Lederstiefel, abgewetzt, früher vielleicht mal richtig schwarz gewesen, und meine kleinen, goldenen Stiefeletten, geliebt, getragen und auch billebingo abgewetzt, und alle vier Füße laufen mit der gleichen Melodie, tack, tack, tack, über den Asphalt.

Der Park war früher mal ein Friedhof gewesen, ganz früher. Er hatte deshalb ein paar gruselige Ecken, aber die grundsätzliche Atmosphäre war eher schwülwarmblühendebäume. Der Park war um diese Zeit natürlich geschlossen, aber ich dachte: Da können wir schon irgendwo hineinklettern; da werden wir doch wohl ein Loch finden. Aber als ich an der Mauer stand, begriff ich: Man braucht gar kein Loch *in* einer Mauer, um in einen verschlossenen Park zu kommen. Man braucht nur einen Zimmermann *vor* der Mauer•

»Da wollen wir rein?«, fragte er.

Ich nickte und dachte: Räuberleiter.

Aber noch bevor ich »Räuberleiter« sagen konnte, saß ich auch schon auf der Mauer. Ich dachte, ich seh nicht recht, und sagte: »Mach das noch mal, bitte.«

Er hob mich wieder runter, setzte mich kurz ab, legte die Hände wieder um meine Taille, und ganz ohne Schwung zu holen, ganz ohne Wuchten und Ächzen, hob er mich in die Luft – und ich saß wieder oben auf der Mauer. Ich muss dazu sagen, dass ich nun wirklich kein Fliegengewicht bin. Ich war baff. Aber es wurde noch verrückter: Er selbst musste ja auch noch hoch. Und? Kleiner Klimmzug, bisschen stemmen, so, das hätten wir dann auch. Ich hatte noch nie zuvor einen so starken Mann gesehen.

Er muss meinen kugelrunden Blick bemerkt haben.

»Das ist normal bei Zimmermännern«, sagte er. »Das kommt von den ganzen Dachbalken, die wir immer durch die Gegend schleppen.«

Er schwang sich auf der anderen Seite von der

Mauer, stand unten im Park und breitete die Arme aus.

»Komm.«

Ich stützte mich auf seinen Schultern ab und wollte elegant von der Mauer rutschen, wurde aber schon wieder gehoben und landete butterweich im Gras. Es war sensationell. Ich kam mir vor, als wäre ich ein Teil eines wilden, aber anmutigen Balletts. Und von dem Moment an übernahm er die Führung. Ich wurde für ein paar Sekunden unsicher: Halt. Vielleicht nicht ganz ungefährlich, was ich hier mache. Mit einem Mann, den ich nicht kenne, unterwegs in einem geschlossenen Park bei Nacht. Sollte ich nicht lieber rennen? Aber wie über die Mauer kommen? Und warum, verflucht, an so schlimme Sachen denken?

Ich blieb stehen und sah in den Himmel. Der Zimmermann legte mir von hinten die Arme um die Taille und sah auch nach oben. Fette Sterne.

»Wie ist das«, fragte ich ihn, »so durchs Land zu fahren und kein Zuhause zu haben?«

»Manchmal ist es schrecklich«, sagte er, »wenn du ganz in der Nähe deiner Heimat bist, aber nicht näher als hundert Kilometer herandarfst. Dann bricht dir fast das Herz. Aber wenn du ein bisschen weiter weg bist, so wie ich jetzt, dann fühlt sich das nach ganz großer Freiheit an. Dann beeindruckst du dich jeden Tag selbst, einfach dadurch, dass du nicht den Schwanz einziehst und die Sache abbrichst. Dann willst du nur noch weiterfahren.«

Er hatte recht. Wenn man einmal auf großer Fahrt war, durfte man nicht bremsen. Ich drückte meinen Kopf und meinen Rücken gegen seine Brust.

»Wo ist dein Zuhause?«, fragte ich ihn.

»Ich komm aus'm Pott«, sagte er, »aber jetzt ist das gerade hier.«

Und dann drehte er mich zu sich um. Wir hatten nur noch vier Stunden.

Ich kannte diesen Mann nur von Mitternacht bis zum Morgengrauen, und doch habe ich ihn nie vergessen. Da war ein großes Gefühl von Freiheit in dieser Nacht. Ich fühlte mich unglaublich verwegen an seiner Seite. Wie der Cowboy, der ich vorgab zu sein, wenn ich am Fenster saß und auf

die Straße sah. Wie eine, die im Moment vielleicht nicht gerade die perfekte Frau war, um eine Familie zu gründen, aber die beste, wenn es darum ging, den Asphalt zu surfen. Ich fühlte mich in seiner Gegenwart, als wäre ich wie die Männer, auf die ich immer so abfuhr.

Wir klauten uns gegenseitig die Herzen, nur für diese eine Nacht, und bei vollem Bewusstsein. Man muss ja was zu essen dabeihaben, wenn man so lange unterwegs ist.

Auf seine Schulterblätter waren zwei brennende Flügel tätowiert.

Können wir bitte noch mal Jacques Brel hören?

»**Kann** ich den mal eben bei dir abgeben?«

»Äh, ja, wieso?«

»Meine Freundin kann ihn nicht leiden, und ich muss schnell was aus unserer Wohnung holen. Ich nehm' den dann gleich wieder mit, okay?«

»Okay.«

So kam es, dass eines sonnigen Nachmittags im Mai Luke auf meiner Fensterbank saß. Er hatte nasse Haare, einen fusseligen, dunklen Sieben-Tage-Bart, er trug eine Badehose und dazu eine alte Trainingsjacke. Mein Nachbar Dirk hatte ihn einfach bei mir abgegeben. Luke wirkte überhaupt nicht, als würde ihn das stören.

»Hey«, sagte er, drehte eine dunkle Haarsträhne zwischen den Fingern und sah aus dem Fenster.

»Selber hey«, sagte ich.

»Danke, dass ich kurz hier sitzen darf«, sagte er.

Ich zog die Augenbrauen hoch und zuckte mit

den Schultern. Vermutlich. So mache ich das auf jeden Fall meistens, wenn ich überrascht werde, aber so tun will, als wäre nichts.

»Dirk hat es nicht so gerne, wenn ich auf der Straße auf ihn warte«, sagte er. Er sah dabei die ganze Zeit aus dem Fenster. Man hätte mich ja auch mal anschauen können, beim Reden.

»Warum sollst du denn nicht auf der Straße warten?«, fragte ich.

»Ach«, sagte er, »dann bin ich meistens weg, wenn er wieder runterkommt.«

Er kratzte sich am Bein.

»Und der Freak da oben«, sagte er, »der kann mich halt nicht ab.«

»Welcher Freak?«

»Die Tante, mit der er zusammenwohnt«, sagte er.

»Seine Freundin«, sagte ich.

Ich fand die ja ganz nett.

Jetzt war Luke es, der mit den Achseln zuckte.

»Wie man's nimmt«, sagte er. »Wie heißt du?«

»Simone«, sagte ich.

Er drehte den Kopf zu mir und sah mich an. Es

sah aus, als würde er in mich reinsehen. Er dachte offensichtlich nach.

»Ich werd dich Mona nennen«, sagte er dann. »Ja, Mona, das ist gut.«

Mona. Aha. Von mir aus. Ich hielt meinen Namen nie für besonders aufregend. Ich hatte nichts dagegen, dass sich da einer mal was Neues ausdachte.

Das Neueste war, jetzt nicht mehr aus dem Fenster zu schauen, sondern mich zu fixieren. Was für ein merkwürdiger, kleiner Typ das war. Von einem geheimen, dunklen Schimmer umgeben, wie mir schien. Es war etwas sehr Lustiges an ihm, aber auch etwas sehr Trauriges.

»Was machst du denn so?«, fragte ich.

»Och«, sagte er, »ich geh gern ins Freibad, mit dem Dirk, so wie eben, da spielen wir dann schön Tennis. Aber im Grunde bin ich Schauspieler.«

»Am Theater?«

»Fernsehen wäre mal gut«, sagte er, »wegen der Kohle.«

»Was würdest du denn gerne spielen?«, fragte ich.

»Einen türkischen Bullen im Osten«, sagte er, »mit Schnurrbart. Am besten in so 'ner Serie.«

Jetzt schaute ich mal aus dem Fenster. Ich konnte es nicht gut ertragen, wie er mich ansah. Ich hatte das Gefühl, das könnte was mit Ausziehen zu tun haben. Und er hörte einfach nicht auf damit.

»Kannst du Tango tanzen, Mona?«

»Was?« Ich hatte nicht zugehört.

»Kannst du Tango tanzen?«, fragte er.

»Ein bisschen«, sagte ich.

»Auf meinem Dach«, sagte er, »kann man ziemlich gut Tango tanzen.«

Aha.

»Und?«, fragte ich. Ich traute ihm nicht. Aber natürlich mochte ich ihn auch. Die Art, wie er da auf meiner Fensterbank saß, mit nassen Haaren und grünen Augen und in Badehose. Und wie er so tat, als wäre das völlig normal. Das war im Grunde genau meine Kragenweite. Er war definitiv einer von *genau diesen* Typen, das war nicht zu leugnen. Ich war mir gerade nicht sicher, wie viel Lust ich noch auf die alte Nummer hatte. Ich hatte das Gefühl, dass es anfing, mich zu langweilen. Aber er

war offensichtlich alles andere als langweilig. Ich überlegte: Wäre es nicht total bescheuert, ihn einfach ziehen zu lassen und vermutlich nie wiederzu sehen? Oder wäre es absolut richtig?

»Kannst ja mal vorbeikommen«, sagte er, »auf meinem Dach.«

Ich sah ihn an. Immer noch der Ausziehblick, keine Frage. Meine Gehirn setzte kurz aus. Und dann fragte ich:

»Wann?«

»Heute Abend?«, fragte er.

Ich gewann für zwei Sekunden meine Fassung zurück und sagte:

»Da kann ich nicht.«

»Morgen?«

»Da auch nicht.«

»Freitag?«

Freitag hatte ich noch nichts vor. Verdammt, es war ja egal, ich musste mich ja vor niemandem rechtfertigen, wenn ich eine Einladung auf ein Dach nicht annahm, und ich war Luke echt in keiner Weise verpflichtet, wir kannten uns ja gar nicht, ich konnte also ganz locker »Nein« sagen, ich sagte:

»Okay. Freitag.«

Er lächelte. Ein direktes, warmes, umwerfendes Lächeln.

»Gut«, sagte er, »ich besorg uns was zu trinken.«

Es war doch immer das Gleiche mit mir.

Am Freitagabend um neun stand ich bei Luke vor der Tür. Mit frisch rasierten Beinen, frisch gewaschenen Haaren, in hohen Schuhen und einem engen Rock. Ich hatte mich ganz schön aufgebrezelt. Und ich war ein bisschen nervös.

»Ich glaub's nicht«, sagte ich zu mir selbst.

Luke wohnte in einem alten Hochhaus. Es sah so aus, als würden die meisten Etagen leer stehen. Es wirkte rauh und roh und ungemütlich und sehr aufregend.

Ich klingelte, die Tür klickte und ging auf, ich nahm den Aufzug. Neunter Stock, hatte er gesagt. Im neunten Stock glitt die Aufzugtür auf. Luke lehnte im Türrahmen. Mein Gott. Er trug einen schmalen, schwarzen Anzug, der vielleicht ein bisschen abgewetzt war, aber sensationell geschnitten.

Darunter ein enges, schwarzes T-Shirt. Schmutzige, alte Lederschuhe. Seine Haare waren gescheitelt und glänzten. Seine Wangen waren glatt rasiert, aber über der Oberlippe zitterte ein sehr akkurater, schmaler Moustache. Er sah aus wie ein Stehgeiger, wie direkt aus einem alten Tangofilm entsprungen. Es stand ihm fantastisch. Und er hatte einen merkwürdigen, altmodischen Duft aufgelegt, der kitzelte richtig in meiner Nase; es war ein bisschen unangenehm (in meinem Stirnhirn) und ein bisschen toll (in meinem Stammhirn). Ich würde mal sagen, es war Moschus.

Ich schwankte: Sollte ich lachen? Oder sollte ich mich sofort hinlegen, damit er mich hier und jetzt im Treppenhaus nähme? Es war diese Rudolph-Valentino-Ausstrahlung, die mich so verwirrte: Ein bisschen Schnulzenheini, aber auch ganz viel Sexgott. Luke nahm mir die Entscheidung ab, was genau jetzt zu tun war. Er legte seinen Arm um meine Taille, zog mich aus dem Aufzug, senkte seinen Kopf und küsste mein Dekolleté. Dann ließ er mich wieder los, ging zu seiner Wohnungstür, lehnte sich da in den Türrahmen, verschränkte die Arme und sagte:

»Entschuldige. Ich konnte nicht anders.«

Ich lächelte, und ich glaube, es funktionierte. Er schien sich ein bisschen erlöst zu fühlen, und das wollte ich auch. Es war ehrlich gesagt zu schön, einfach so aufs Dekolleté geküsst zu werden, um ihm deswegen böse zu sein.

Er lächelte nicht zurück, er sah mich wieder nur ziemlich deutlich an und sagte:

»Komm doch rein.«

Ich wusste, wenn ich da jetzt reingehe, komme ich nicht unangefasst wieder raus. Er streckte mir seine Hand entgegen. Ich nahm sie. Und dann war ich drin.

Luke hatte die seltsamste Wohnung, die ich je gesehen hatte. Ein einziger, riesiger Raum, bestimmt hundert Quadratmeter groß, mit zwei durchgehenden Fensterfronten an den Seiten. Niedrige Decken, die einem zwar ein bisschen die Luft abdrückten, aber auch Halt gaben in diesem monströsen Zimmer.

Auf dem Boden braune Auslegeware. Links hinten in der Ecke ein Tisch, zwei Stühle, eine Palme, ein Plattenspieler. Rechts: ein Bett. Außerdem noch

eine Tür, dahinter vermutlich das Badezimmer. Oder eine Art Badezimmer.

Luke ging zum Tisch, öffnete eine Flasche Rotwein, füllte zwei Gläser und kam damit zu mir. Ich hatte mich ans offene Fenster gestellt, da fühlte ich mich sicher.

Ich fühle mich grundsätzlich aufgehobener, wenn ich irgendwo rausschauen kann. Er drückte mir ein Glas in die Hand, und dann tranken wir, ohne anzustoßen und ohne etwas zu sagen. Aber er ließ mich nicht aus den Augen. Ich fragte mich, ob dieses Angestarre nur eine Masche war, doch dafür war es zu wirkungsvoll. Ich ertappte mich dabei, wie ich die Augen niederschlug. Total kitschiger Scheiß natürlich.

Er leerte sein Glas, wischte sich den Mund ab, stand auf, klemmte sich den Plattenspieler unter den Arm und ein paar Platten und sagte, was er offensichtlich ganz gerne sagte:

»Komm.«

Ich nahm den Rotwein und die Gläser und folgte ihm durch seine seltsame Wohnung, zur Tür raus, am Aufzug vorbei, zwei Treppen hoch, über ein Geländer und durch eine Stahltür, die niemand verschlossen hatte.

Auf dem Dach war der Himmel, ein richtiger, amtlicher Großstadthimmel. Graublaurosaorange, mit einem sehnsüchtigen Muster aus Kondensstreifen. Unter uns Beton, und ganz unten summte die Straße. Ich ging in die Hocke und berührte den Beton. Er war noch warm.

Luke fand doch tatsächlich eine versteckte Steckdose und schloss den Plattenspieler an. Ich fragte mich kurz, ob er hier vielleicht der Hausmeister war und gar kein Schauspieler, aber dann war es mir egal. Er war ein Bild aus einem Traum. Den Traum kannte ich zwar in- und auswendig, und er begann mich anzuöden, aber ihn noch mal so live und greifbar vor mir zu haben, war doch schön und sehr aufregend. Als würde man Scherben streicheln.

Lukes Tangoplatte musste sehr alt sein, sie kratzte und sprang und rief sofort diesen unerklärlichen Schmerz hervor, den alte Musik immer produziert. Er kam zu mir, nahm mir die Gläser und die Flasche ab und sagte, Überraschung:

»Komm. Komm, wir tanzen.«

Ich hatte nur für kurze Zeit Tangostunden genommen, kannte so ein paar Basics und dachte, Luke macht das schon, war ja offensichtlich seine Leidenschaft. Aber als er so vor mir stand, die rechte Hand fest in meinem Kreuz, die linke Hand irgendwie um meine geschlungen und ansonsten insgesamt etwas ratlos, dachte ich: Ach so. Der kann das gar nicht. Der wollte mich nur aufs Dach kriegen. Die Schlaubirne.

»Du kannst das gar nicht, oder?«, fragte ich.

Er lächelte, gab mir einen schnellen Kuss auf die Wange und sagte:

»Nö.«

Entwaffnend.

Ich musste den Kopf nach hinten werfen und lachen und das zu dieser verdammt traurigen Musik und diesem Himmel und dieser Stadt zu unseren Füßen, und das alles, das mit ihm hier oben, half mir dabei, mich so unendlich leicht zu fühlen, dass wir wie von selbst anfingen zu tanzen, vielleicht war es sogar Tango, wer weiß?

Wir tanzten lange, wir tanzten übers ganze Dach, wir tanzten, bis der letzte Schritt getanzt und die

letzte Fremdheit verflogen war, und die Nacht hüll-
te uns ein und verschluckte uns, und am Ende legte ich mich natürlich hin, aber nicht, weil ich so
müde war.

Das Verdächtige an der ganzen Situation war nur,
so schön und verwegen sie von außen auch aussah:
Wir hatten es zu sehr vorgehabt. Das Hinlegen und
auch den Himmel. Ich hatte es schon in der Nacht
geahnt, meistens spürt man ja, wenn etwas nicht
ganz echt ist, auch wenn man sich noch so sehr
wünscht, es möge echt sein. Vielleicht ist es gerade deshalb nicht echt, weil der Wunsch zu groß ist,
weil der Plan keinen Platz fürs Leben lässt. Dann
fehlt eben was. Und dieses Gefühl hatte sich schon
angeschlichen, in der Nacht, als wir auf dem Dach
lagen. Ich hatte nicht darauf hören wollen, spielte
ich doch gerade im perfekten Film mit, oder? Am
Morgen schlug es dann zu wie ein Hammer.

Die Sonne weckte uns mit einem Blinzeln, zu
unseren Füßen erwachte die Stadt, alles war warm,
und selbst der Beton, auf dem wir lagen, schien
sich etwas weicher zu machen, und doch fühlte

Gangster *of Love*

sich der Moment des Aufwachens schrecklich bitter an. Falsch und vorgetäuscht und absolut fehl am Platz. Als hätte mir jemand etwas geliefert, was ich nie bestellt hatte, und jetzt wusste ich nicht, wohin damit. In meiner Wohnung und meinem Bett und meinem Zuhause wäre ich definitiv besser aufgehoben gewesen. Ich hätte schon gestern Abend einfach gar nicht rausgehen sollen•

Ich hätte Luke gerne geküsst oder ihm zumindest übers Haar gestrichen. Er hätte es verdient gehabt, eine Erklärung, ein Dankeschön, einen Abschied, aber ich konnte nicht. Ich stand auf und schlich mich davon, ohne mich noch mal umzudrehen.

Unten auf der Straße, als ich da stand, durchgenudelt und hochhackig und mit Sonnenbrille und einer Zigarette im Gesicht und mir ein Taxi herbeiwinkte, spürte ich es ganz deutlich: Meine Reise zu den wilden Männern war vorbei. Ich war durch damit. Ich hatte keine Lust mehr. Ich hatte sie alle gehabt. Das klang so bescheuert, dass ich mich schämte. Und ich hatte den Verdacht, dass zumindest am Ende dieser Geschichte ich das Arschloch gewesen war.

Der Gangster of Love auf dem Sportplatz:

Rio Ferdinand, Slaven Bilić, Gianluigi Buffon – oder »der Lutscher«?

Dass die sexy Ganoven unter den Sportlern auf dem Fußballplatz zu finden sind, ist selbstverständlich. Fußball ist nun mal *das* Jungsding (auch wenn die Damen hervorragend spielen). Ich schätze, nirgends kann so viel Testosteron auf einem Haufen nachgewiesen werden wie in der Luft der Katakomben eines Fußballstadions direkt nach einem Punktspiel. Bitte schön: elf schwitzende, bis ans Limit austrainierte Männer zwischen zwanzig und dreißig, die gerade heftige Emotionen durchleben (Wut, Freude, Verzweiflung …), plus eingewechselte Spieler und Ersatzbank (Gier nach mehr, Frust nach Nichteinsatz). Da muss doch ein unglaublicher Hormoncocktail ausgeschüttet werden, oder? Eben noch haben sie hingebungsvoll nach einem Ball getreten, sind ihm hinterhergerannt und haben um ihn gekämpft und ihn die unglaublichsten Flugbahnen beschreiben lassen. Das hat ihre Brust breit gemacht und sie wissen, dass die Mädels darauf stehen und draußen vor dem Stadion schon ganz wuschig sind und nur auf sie warten. In ganz Europa●

Oberflächlich betrachtet, könnte man denken: Allesamt Straßenköter. Alle.

Hm.

Erst mal: Es gibt ein paar Ausnahmen, gerade unter den deutschen Fußballern, die sind ja inzwischen oft so nett und ordentlich und kultiviert und gut erzogen und studieren alle heimlich Sportmanagement oder gar Philosophie. Christoph Metzelder zum Beispiel und Per Mertesacker, Thomas Broich (wo steckt der eigentlich?) und Tim Borowski, Philipp Lahm (laaangweilig) und auch dieser charmante Schnuckel von Simon Rolfes.

Und dann gibt's noch die Ausreißer nach oben. Räudige Promenadenmischungen de luxe, coole Jungs von der Straße, die ihre Mannschaftskollegen wie Sissi-Puppen im Tüllröckchen aussehen lassen.

Ich sage das gleich: Ich habe einen bisschen

Angst vor denen. Und füge hinzu: Das muss auch so sein. Denn es gibt solche Kerle, die sind heiß bis zum Ofenexplodieren und so verdammt krass in der Ausstrahlung. Oft haben sie was Besonderes um den Mund herum und in den Augen, dass einen sofort ein bisschen ducken lässt, wenn sie auftauchen. Deshalb sind sie ja so heiß, echte Testosteronpakete eben.

Kerle wie Rio Ferdinand, ein herrlich robuster Innenverteidiger von Manchester United.

Oder Slaven Bilić, ehemals eisenharter Verteidiger, jetzt Trainer der kroatischen Nationalmannschaft.

Gianluigi Buffon, Torhüter von Juventus Turin und der Squadra Azzura. Und, selbstverständlich: Torsten Frings, kompromissloser Defensivmann von Werder Bremen und der deutschen Nationalmannschaft, genannt »der Lutscher«.

Wer der Beste ist von denen? Geschmackssache. Da ist irgendwie für jeden was dabei. Suchen Sie sich doch einfach einen aus, Poster gibt es sicher von allen vieren. Und jetzt werden wir noch mal so richtig schön pubertär und erfreuen uns am internationalen Fußball.

Wir fangen an der Außenlinie an und arbeiten uns dann von hinten nach vorne, okay?

Der Trainer:

 **Slaven Bilić** sieht immer aus wie ein Verbrecher, auch wenn er lächelt, und sogar dann, wenn er den Tränen nahe ist. Das muss mit seinen massiven Kieferknochen zu tun haben, die immer ein bisschen wirken, als würden sie mahlen. Wahrscheinlich liegt es auch an der Boxernase, die wie mehrfach gebrochen daherkommt. Denn im Grunde hat er fast etwas Jungenhaftes, Niedliches, mit seinen wasserblauen Augen und seinen geschwungenen Lippen. Und wenn er im grauen Anzug an der Seitenlinie herumhüpft, ist es ganz leicht, sich vorzustellen, wie er in einer schmutzigen, kurzen Hose aussehen würde. Und doch: Im nächsten Moment wird das Wasser in den Augen zu Stahl, die Lippen verschwinden in Gegenwart der Kieferknochen, die Schultern verhärten sich, und irgendwie hat man das Gefühl, dass der Mann unterm Anzug

Gangster *of Love*

keine Muskeln kennt, sondern Eisen. Und wenn er dann den Kopf ein Stück nach links dreht und direkt in die Kamera schaut, läuft es einem heißkalt den Rücken herunter, und im Kopf blinkt die Frage: Was hat er denn nun unterm Anzug? Und in genau diesem Augenblick guckt mein Mann mich sparsam von der Seite an und sagt: Film aus!

Wen es interessiert: Slaven Bilić spielt Stromgitarre in einer Rockband und ist frisch geschieden.

Der Torhüter:

Gianluigi Buffon. Der Eins Neunzig-Mann aus Carrara sieht nicht aus wie ein Italiener. Er sieht aus wie ein Etrusker. Ein harter Kopf mit gemeißelten Zügen, pechschwarzem, glänzendem Haar und einem finsteren Blick. Ein Krieger von diesem geheimnisumwitterten Volk, von dem man nicht viel weiß, außer, dass es in der Toskana zu Hause und kulturell sowie militärisch hoch entwickelt war. Gigi Buffon wirkt auf dem Platz oft leicht verstrahlt, als hätte er irgendwas genommen oder als wäre er abgelenkt. Seine Klamotten passen immer wieder mal nicht so richtig zusammen; zumindest sein Trikot wirkt grundsätzlich labberig und zu groß, was bei seiner imposanten Statur eigentlich gar nicht möglich ist. Und wenn er Bock hat, trägt er merkwürdige Schlappmützen oder Stirnbänder, um sich wer weiß wovor zu schützen. Buffon ist irgendwie ein Freak.

Das alles ändert aber nichts daran, dass er in der Regel der beste Mann auf dem Platz ist. Der fischt Bälle ab, die alle schon im Netz zappeln sahen. Der hat eine Präsenz in seinem Kasten, wie John Travolta auf der Tanzfläche. Und über einen gehaltenen Ball oder ein Tor seiner Angreifer freut er sich dermaßen, dass er sich in sein Tornetz wirft, wie ein Tiger an seine Käfigstangen springt. Als wolle er damit jemanden erschrecken.

Und irgendwie habe ich das Gefühl, dass bei diesem Typen auch der Name eine Rolle spielt, zumindest in meiner Wahrnehmung von gefährlicher Attraktivität. Buffon. Das klingt doch wirklich nach einem großen, gefährlichen Vierbeiner, oder?

Der Innenverteidiger:

Rio Ferdinand ist natürlich Engländer. So, wie sich das für einen anständigen Innenverteidiger gehört. Kam für eine Rekordablösesumme von einigen Millionen Euro zu Manchester United und galt mal als einer der talentiertesten Verteidiger Europas. Fiel dann aber eher durch ständigen Ärger mit der Verkehrspolizei, verpennte Dopingkontrollen und geniale Patzer vor dem eigenen Tor auf. Trägt gerne unmögliche Zöpfchenfrisuren, und mit seinem großen, lustigen Mund sieht er oft aus wie eine Comicfigur. Aber: Er ist heiß. Er bewegt sich wie eine Wildkatze und redet wie ein Bauarbeiter, er hat immer ein Glitzern im Blick, er zieht die Oberlippe tausend Mal besser hoch als damals Billy Idol, er ist mehr ein MTV-Model als ein Fußballer, mit tiefsitzenden Jeans und Kapuzenpulli, und wenn er auf dem Platz einen Gegenspieler anschreit (obwohl die Schuld an dem harten Zusammenprall allein Rio Ferdinand trifft), sieht man förmlich, wie dem anderen die Ohren wegfliegen, das hat immer was von Windkanal. Niedlich, oder?

Unser Mann im defensiven Mittelfeld:

Torsten Frings. Okay, den Namen *Torsten* vergessen wir ganz schnell. Und auch *Frings* klingt ja eher nach Niedersachsen als nach aufregend. Macht aber nichts. Den nennen eh alle nur »den Lutscher«. Und was ist das doch für ein herrlicher Typ. Von weitem könnte man ihn fast für einen von diesen vierschrötigen argentinischen Verteidigern halten, mit seinen zotteligen, braunen Locken, der Narbe auf seiner linken Wange, dem schnutigen Blick und den prolligen Tätowierungen. Der Lutscher. Grätscht den Weicheiern immer schön von hinten die Tomaten weg, rummsdi, da liegt die Heulsuse. Kann angeblich den doch immer recht ordentlichen Michael Ballack nicht ab. Und ab und an, ob der Schiedsrichter jetzt zuschaut oder nicht, rutscht ihm auch mal die Hand aus. Zack, hat er dem Spinner eine gelangt. Mit der Faust. Deshalb im Halbfinale gesperrt? Hm. Grummel. Das verzeiht man dem Lutscher. Das Einzige, was der Lutscher nicht machen darf: den Mund auf. Das geht leider gar nicht. Aber weil er eh nicht so gerne redet, ist das auch egal●

Gangster of Love

So, die Damen, haben Sie einen Favoriten? Ich kann mich da ehrlich gesagt überhaupt nicht entscheiden. Fest steht für mich lediglich: Die härtesten Jungs sitzen im Knast. Oder spielen in der Verteidigung.

Das Prinzip,
noch vollkommen unversaut

Ich kenne einen jungen Mann. Er ist mehr als zehn Jahre jünger als ich. Wir sind Freunde, alle paar Tage kommt er zum Kaffee vorbei und dann reden wir übers Leben und den Wahnsinn und die Liebe, über dies und das, wie man das eben so macht unter Freunden. Als ich ihn kennenlernte, war er blutjung, da hatte er gerade mal sein Abitur bestanden oder so. Er war quasi so jung, dass es fast verboten gewesen wäre, ihn anzufassen. Inzwischen ist er Mitte zwanzig und langsam eher Mann als Junge. Er hat auch schon aufs Maul gekriegt und sich ordentlich weh getan, und damit ist ja in der Regel auch das Kindliche dahin. Aber vor ein paar Jahren, als er hier ankam, wirkte er wie frisch geschlüpft. Verspielt und mit Pfirsichhaut. Trotzdem konnte man auf Anhieb erkennen, was für ein fürchterlicher Herzensbrecher er mal werden würde. Er war so eine Art Straßenköterwelpe. Und es war bei ihm wie bei vielen anderen, denen man ansieht, dass sie mal ganz Große werden: Es war alles schon da•

Der Blick:

☛ **Grüne Augen** hinter langen, braunen Wimpern. Ein Sprühen. Wie eine Sprinkleranlage geht das, oder so ein auf Dauerbetrieb eingestellter Rasensprenger. Zzmmm, Zzmmm, Zzmmm. Feuert in einer Tour Schüsse ab, und wenn man da auch nur eine Sekunde wirklich hinschaut, ist man getroffen. Niedlich: Er hat das noch nicht wirklich unter Kontrolle. Und wenn er dann einfach mal keine Lust hat, immer so rumzuballern, setzt er schnell eine Sonnenbrille auf•

Die Haut:

☛ **Ein** helles, leicht rötliches Braun mit jeder Menge Sommersprossen an den richtigen Stellen (Nase, Wangen). Eine Vieldraußenfarbe. Wird eines Tages sicher knittrig, mit etwas Glück wird sie dann erst richtig, richtig gut. Jetzt: ist sie noch glatt und

Gangster *of Love*

weich und ohne jeden Scheiß. Nur um die Augen sind ein paar feine Linien zu sehen, aber die kommen vom vielen Blickeversprühen•

Der Mund:

Gefährlich. Ein Paar volle, kräftige Lippen, die immer ein bisschen in Bewegung sind, weil sie oft und gerne grinsen, und wenn sie das gerade nicht tun, müssen die Lippen über diese großen, starken, weißen Zähne drüber, und das hält sie einfach in Schuss und macht sie sehr lebendig. Alles in allem folgende Wirkung: Die haben immer was zu tun. Und das kann auch gerne mal an meinem Hals stattfinden•

Die Haare:

Wildes Zeug. Helles Brünett (mit Locken, wenn sie länger werden), sehen insgesamt weicher aus, als sie sich anfühlen. Definitiv: keine Frisur. Einfach nur Haare, die mal so, mal so liegen, stehen, sich drehen. Eine Frisur wäre auch tödlich. Mit Haaren, aus denen sich eine Frisur machen lässt, ist gerade bei Männern der Zauber dahin•

Die Schultern:

🔫 **Beweglich.** Bewegen sich auch viel. Sind eigentlich immer dabei, den Oberkörper zu justieren, wie bei einem Boxer, vor und während eines Kampfes. Macht Spaß, das anzuschauen. Und auch ein bisschen nervös•

Der Brustkorb:

🔫 **Für** die Länge: recht schmal. Aber genau das ist der Trick. Das kommt dann nämlich immer so schön schlaksig und schlendrig daher, jungenhaft und nonchalant, ziemlich *je ne sais quoi*. Die Rippen sind alle da, wo sie hingehören. Ich hab sie gezählt•

Die Unterarme:

🔫 **Lang.** Sehnig. Gaaanz dezent behaart. Und wenn ich *Muskelspiel* sage, meine ich wirklich *Spiel*. Die

machen in einer Tour so Sachen, ohne dass sie was damit bezwecken. Und wenn man das so aus den Augenwinkeln beobachtet, dann muss man sich einfach vorstellen, was die Muskeln im restlichen Teil seines Körpers die ganze Zeit so machen, und auch das macht schon wieder so dermaßen: nervös•

Die Hände:

Die Verlängerung der Unterarme. Für die gilt im Prinzip: siehe oben. Plus: Nägel ein bisschen schmuddelig, Fingerkuppen eindeutig empfindlich. Sensationell•

Der Beat in der Hüfte:

Geht nur in eine Richtung: nach vorne. Aber das locker, lässig, und der Po geht nach links und nach rechts und nach links und nach rechts, und so geht das die ganze Zeit. Und wenn alle bisherigen Attribute auch einem Top-Schwiegersohn zugeschrieben werden könnten, spätestens jetzt ist klar: Der kann mehr. Der kann so richtig dreckig. Und was wäre eine Welt voller Saubermänner? Nicht auszudenken.

 — **Ach**, das war schon herrlich, ihn in Bars zu treffen und in anderen dunklen Ecken, als ich auch noch diesen entscheidenden Tick jünger war als jetzt. Mit ihm über vierspurige Straßen zu rennen, sein Lachen zu provozieren, all das noch mal live und direkt und geballt zu beobachten, was mich zwanzig Jahre lang in seinen Bann gezogen hat.

Und heute, wo es mir zu aufreibend geworden ist, dauernd über laute Straßen zu rennen, ist es so schön, mitanzusehen, wie er es immer noch macht (er erzählt mir davon, dafür bin ich ihm sehr dankbar) und dabei langsam groß wird. Im letzten Jahr hat er seinen braven Fiat Punto verkauft und sich eine Waffe zugelegt: einen grauen Ford Mustang aus den Siebzigern. Großartiges Geschoss, ordentlich laut.

Ich denke, dass er demnächst gefährlich wird.

Gangster
of Love

Der Urtyp, das Original

Und eines Tages, es muss in dieser lauen, etwas schläfrigen Stunde zwischen Mittagessen und Kaffee gewesen sein, saß ich an meinem Schreibtisch, sah zu meinem besten Freund Kapitän Fox rüber und dachte: Ach so. Jetzt versteh ich. Verrückt. Dass mir das vorher nie aufgefallen ist•

Mir war einfach fast zehn Jahre lang entgangen, dass es durchaus eine Möglichkeit gibt, einen richtigen, amtlichen Straßenköter in seinem Leben zu haben, ohne gleich an gebrochenem Herzen zu sterben: Wenn man mit ihm befreundet ist. Das ist wirklich eine fabelhafte Sache. Denn die paar zwischenmenschlichen Unsauberkeiten lassen einen dann meistens kalt. Und so kann man sich in aller Ruhe am Rest erfreuen. Dass nie viel geredet wird zum Beispiel, aber wenn geredet wird, kommt ein Kracher. Dass der Look immer stimmt, egal welche Tageszeit und welches Wetter. Und dass das Herz mindestens so groß wie die Schale rauh und rissig ist.

Ich lernte Kapitän Fox kennen, weil er was mit meiner Freundin Martha hatte, und das ging so:

Martha erzählte mir beiläufig, sie hätte da einen kennengelernt, einen Fotografen, der wäre ein bisschen merkwürdig, aber irgendwie hätte er was. Zwei Tage später rief sie an und sagte, der Typ hätte sie zu sich nach Hause zum Essen eingeladen, und sie hätte da schon Bock drauf, sei sich aber nicht sicher, ob sie ihm trauen könne. Also gab sie mir seinen Namen, seine Adresse und seine Telefonnummer (für den Fall, dass sie an diesem Abend auf unerklärliche Weise verschwinden würde) und bat mich, so gegen zehn mal bei ihr anzurufen und mit Ja-Nein-Fragen auf den Busch zu klopfen, ob auch alles okay wäre. Und falls sie zweimal nicht ans Telefon gehen würde, sollte ich die Polente rufen.

Sie ahnen es vielleicht: Kapitän Fox wirkt nicht gerade wie einer, der Weichspüler getrunken hat.

Ich fand Marthas Bedenken zwar insgesamt etwas übertrieben, aber ich notierte mir brav die Personalien ihres neuen Verehrers, und Schlag zweiundzwanzig Uhr rief ich sie auf ihrem Mobiltelefon an.

»Hallo!«, rief sie. Sie klang angeschickert.

»Hey«, sagte ich, »alles in Ordnung bei dir?«

»Ja!«, quiekte sie.

»Ist er nett zu dir?«, fragte ich.

»Super!«

»Brauchst du mich noch?«

»Nein, alles top!«

Mir kam das langsam etwas gestellt vor, so begeistert klang sie sonst nie, wenn sie von Typen redete.

»Und ich muss nicht die Polizei rufen?«, fragte ich. Nur um sicherzugehen.

»Nein!«, rief sie wieder, und dann sagte im Hintergrund eine Männerstimme irgendwas, und sie kicherte und lachte und sagte nur: »Ich ruf dich morgen an, ja?«

So hörte ich zum ersten Mal von Kapitän Fox, und ich muss sagen, ich fand ihn ziemlich verwirrend. (Jahre später steckte er mir, wie er das immer machte, wenn er Frauen rumkriegen wollte: Für einen Abend auf den Charmeknopf drücken und irgendwas kochen, was einfach ist, aber total viel hermacht, und dazu viel guten Wein einschenken.

Er nennt das: ein Blendermenü. Martha hatte voll angebissen.)

Wie, wann und wo es war, als wir uns zum ersten Mal begegnet sind, wissen wir beide nicht mehr. Und das erste Jahr, nachdem wir uns kennengelernt hatten, fand ich zwar immer noch ein bisschen merkwürdig, aber auf eine spezielle Art auch astrein. Ich hatte selten so was Ehrliches und Klares erlebt. Da wurde nämlich nicht viel rumgesabbelt. Da wurde im Grunde überhaupt nicht gesabbelt. Okay: Wir sprachen erst mal kein Wort miteinander. Aber das war völlig in Ordnung. Es gab nichts zu bereden, wir sahen uns ja immer nur so kurz, und auch wenn ich eine echte Smalltalk-Königin bin, er ist da nicht der Typ für. Aber wir wussten: Wir mögen uns. Also, ich denke, dass er mich mochte, ich hoffe das natürlich, wir reden auch heute noch nicht viel über so was. Auf jeden Fall mochte ich ihn, so viel war klar. Ich mochte, wie er aussah, diese altmodische Brillantinenummer auf seinem Kopf, die schlecht geputzten Lederschuhe, die Jeans-und-Lederjacken-Kombi, und dazu ein Gesicht wie aus einem Schwarz-Weiß-Film. Eines Abends hat er mir

mal erzählt, dass sein Großvater Ungar war, und ich finde, das sieht man ihm an. Das ist alles einfach gut geschnitten, ohne aufdringlich zu sein. Ich mochte auch von Anfang an, wie er redet. Er redet so, wie ich mir immer vorgestellt hatte, dass Helmut Rahn geredet hat, der große Fußballer aus Essen, der Deutschland 1954 zum Weltmeister geschossen hat. Denn Kapitän Fox kommt aus dem Pott, aus Dortmund, um genau zu sein. Ich bin einmal mit ihm durch Dortmund gelaufen, nachts nach einem Fußballspiel, im November, es regnete nicht, aber es war feucht-neblig, die Straße glänzte ein bisschen, und ich versuchte in dieser kurzen Zeit möglichst viel von seiner Heimat zu begreifen (so sind wir, glaub ich: verstehen ohne reden), und als wir irgendeine unspektakuläre Kreuzung überquerten und ich seine Ledersohlen auf dem Asphalt klacken hörte und sein Gesicht ganz entspannt war, begriff ich: Der Mann ist einfach überall da zu Hause, wo er bei Nacht ungestört eine Straße entlanglaufen kann. Wo ihn keiner vollquatscht. Dann erwachen nämlich die Steine um ihn herum zum Leben, die Häuser und das Pflaster, und dann fühlt er sich aufgehoben. Am wenigsten einsam, wenn er in Ruhe alleine sein kann. So ungefähr ist Kapitän Fox. Und das finde ich doch sehr sympathisch.

Wir sprachen also erst mal nicht miteinander, bestimmt ein halbes Jahr lang. Wir sagten »Na?« und »Und?« und »Yo«, und das war's, und weil wir beide noch recht neu in der Stadt waren und auf der Suche nach Verbündeten, passte das irgendwie ganz gut so. Der Rest vom Leben war ja anstrengend genug.

Erstaunlich in einer Großstadt: Kapitän Fox und ich verloren uns nicht aus den Augen, als die Geschichte mit Martha und ihm durch war. Das hatte vermutlich auch etwas mit unserem Freundeskreis zu tun, einem Haufen Heimatloser, die sich wie Strandgut ineinander verhakt hatten, es kam oft vor, dass da mal jemand hängenblieb. Und Kapitän Fox dockte eben an. Irgendwann haben wir dann bestimmt auch angefangen, uns doch mal miteinander zu unterhalten, und dabei fanden wir heraus:

Gangster *of Love*

1. Der Humor stimmt.
2. Johnny Cash, Joe Strummer und Elvis Presley waren Helden.

Das war eine vernünftige Grundlage für eine funktionierende Männerfreundschaft. Die dann noch mal ein bisschen auf Eis lag, weil meine wirklich allerbeste Freundin sich in Kapitän Fox verliebte und auch gut zwei Jahre mit ihm verbrachte. Die beiden waren im Grunde auch ein sehr cooles Team, aber sie schenkten sich nichts. Es wurde viel gelacht und heftig geliebt, aber auch viel gekämpft und letztlich auf Seiten meiner besten Freundin viel zu viel geweint. Da war es selbstverständlich, dass ich meine aufkeimenden Sympathien für Kapitän Fox vorerst hintenanstellte. Es war ja auch so schon kompliziert genug.

Aber irgendwann, an einem Tag, kurz bevor es Mai wurde (oder vermutlich eher in einer langen, traurigen Nacht), beschlossen die beiden, es gut sein zu lassen. Und dann waren sie kein Paar mehr. Meine liebste Freundin litt, aber wie das bei Frauen oft so ist: Sie stehen schnell wieder auf. Kapitän Fox litt mehr. Heftiger, länger, erschreckender. Das war eigentlich nicht sein Stil, so zu leiden. Er kannte sich damit offensichtlich nicht gut aus. Er wusste sich auch gar nicht mehr zu helfen. Und kam in seiner Verzweiflung zu mir. Wir tranken eine ganze Nacht durch. Wir liefen eintausend Mal um den Block. Wir redeten natürlich wieder nicht. Aber irgendwie schafften wir es, die bösen Geister aus seinem wunden Herzen zu vertreiben.

Ein paar Wochen später stieg auch noch unser aller Fußballverein in die erste Liga auf (er sollte nach einem Jahr direkt wieder absteigen, aber damit hatten sowieso alle gerechnet), das war dann an einem sonnigen Abend Mitte Mai, am achtzehnten, um genau zu sein, und Kapitän Fox und ich standen selig schunkelnd auf einer Straßenkreuzung, in der Hand hatten wir jeder eine kleine Flasche billiges Bier, und wir beschlossen, zusammen ein Büro zu mieten. Nie mehr alleine zu Hause arbeiten, das war unsere Idee.

Wir hatten ursprünglich vor, den Laden »Bewegung vom 18. Mai« zu nennen, fanden das dann am Ende aber doch zu revolutionsmäßig, und eine Revolution wollten wir ja nie anzetteln. Wir woll-

ten nur unsere Ruhe und Spaß dabei. Wir entschieden uns dann für so ein Fußballdings als Namen.

Und so sitzen wir seit über sieben Jahre Seite an Seite an unseren Schreibtischen, ich vorne am Fenster, Kapitän Fox hinten in der Ecke. Wir halten es immer noch so wie zu Beginn unserer Freundschaft: nicht zu viel reden. Aber wenn wir reden, hat es Hand und Fuß. Dann machen wir entweder die besten Witze der Saison, oder wir streiten über den Abwasch, oder wir treffen Vereinbarungen à la »Heidi Klum ist eine Nervensäge«, »Jürgen Klopp ist gut«.

Es ist ein Schwarz-Weiß-Leben mit Kapitän Fox. Grauschattierungen kommen da im Grunde nicht vor. Macht aber nichts. Für die zahllosen Schattierungen habe ich ja mich selbst und meinen wirren Kopf. So ist das auch beim Tanzen. Mit Kapitän Fox tanzen heißt: mit einem Berserker tanzen.

Kapitän Fox ist ein großartiger Tänzer, nicht dass wir uns da falsch verstehen, aber man tanzt halt nicht so eben mal nebenbei mit ihm. Das läuft nicht. Nach einem Tanz mit Kapitän Fox ist man verschwitzt, durstig und glücklich. So will er das haben. Wenn es so nicht ist, kann man es gleich bleiben lassen.

Kapitän Fox will immer mehr und am liebsten auch das Meer, denn Kapitän Fox ist ein unverbesserlicher Romantiker. Ich weiß das, ich hab's gesehen. Er hat mich mal mit zu sich nach Hause genommen, zu dieser für ihn wichtigsten Tageszeit. Nicht, dass ich nicht vorher und nachher auch bei Kapitän Fox gewesen wäre, aber dieses eine Mal war es etwas ganz Besonderes. Ungefähr eine halbe Stunde, bevor die Sonne unterging, sagte er:

»Komm mal mit, ich zeige dir was.«

Wir liefen strammen Schritts zu ihm nach Hause, er vorweg, ich hinterher, Kapitän Fox hat immer ein ordentliches Tempo drauf. Wir fuhren mit dem Aufzug nach oben in den neunten Stock. Kapitän Fox wohnt in einem Hochhaus. Das Hochhaus sieht ein bisschen aus wie ein amerikanisches Modell, zu den einzelnen Appartements kommt man nur durch einen Laubengang aus Beton, und man muss sich vorher hineingetraut haben in das krasse Ding, aber wenn man dann mal oben ist, im neun-

ten Stock bei Kapitän Fox, dann hat man einen sagenhaften Blick. Auf der einen Seite bis zum Rummelplatz, auf der anderen bis zum Hafen. Kapitän Fox wollte eigentlich nur ein paar Monate in dem Hochhaus bleiben, es sollte eine Zwischenlösung sein. Jetzt wohnt er da seit fünf Jahren. Und ich sage immer:

»Kapitän, diese Wohnung ist ein Frauensieb. Eine, die sie nicht mag, fällt durchs Netz, die ist auf keinen Fall was für dich. Aber wenn eine deine Wohnung mag, hast du den Hauptgewinn gezogen.«

Wir also kurz vor Sonnenuntergang ins Frauensieb, es sah wie immer aus, als hätte eine Bombe eingeschlagen. Ordnung Kapitänstyle. Hinten auf dem Balkon (selbstverständlich Beton) standen zwei Stühle nebeneinander. Und der zweite stand da nicht, weil ich kam. Ich glaube, der stand da, weil Kapitän Fox immer die Hoffnung hatte: Irgendwann kommt eine zu Besuch, irgendwann verirrt sich eine in mein Leben, und für die lohnt es sich dann, die Einsamkeit aufzugeben.

Ich bin ganz sicher, dass der Stuhl dort aus Zuversicht stand. Kapitän Fox ist tief im Herzen ein zuversichtlicher Mensch, auch wenn man ihm das nicht ansieht. Auf die Frage, was er tun würde, wenn er eines Morgens aufwachte und feststellte, dass außer ihm keiner mehr da wäre, hat er mal gesagt: Ich würde bei einem Gebrauchtwagenhändler einbrechen. Ich würde mir da einen alten Volvo herausholen. Und dann würde ich mich auf die Suche machen.

Wir setzten uns auf den Balkon. Es war noch früh im Frühling, und es war kalt. Es gab keine Decken bei Kapitän Fox, aber es gab ein Glas Rotwein für jeden von uns. Und dann warteten wir. Starrten einfach nur zum Horizont und warteten, dass die Sonne unterging, und tranken Rotwein. Als es dunkel war, standen wir auf, und ich ging nach Hause. Was für ein schöner Abend.

 **Einmal** haben Kapitän Fox und ich sogar zusammen gewohnt, in einer Fluchtwohnung. Ich musste wegen akuter Trennung zu Hause raus, Kapitän Fox war wegen chronischem Weltschmerz für drei Monate nach London geflüchtet, und es war ihm

Gangster
of Love

erst kurz vor seiner Rückkehr aufgefallen, dass er in Deutschland gar keine Wohnung mehr hatte. In meiner Fluchtwohnung war noch Platz, da waren ja nur ich und mein Horror, und so verbrachten wir einen ganzen Sommer gemeinsam in einer Art heimlichem Exil. Niemand wusste so richtig, wo wir steckten und was wir machten, wir nahmen uns gemeinsam die Zeit, uns wieder zurechtzufinden, und, ja, wir tranken viel Bier in dieser Zeit und saßen die eine oder andere Nacht vor dem Fernseher und sahen uns Boxkämpfe an, weil wir sowieso nicht hätten schlafen können. Es war eine schöne und lehrreiche Zeit. Ich lernte, dass man offensichtlich auch ohne Bettwäsche schlafen kann, und Kapitän Fox lernte, dass Frauen zu Furien werden, wenn morgens keine Milch da ist. Und beide lernten wir, wie wichtig ein Verbündeter ist, gerade in den harten Zeiten, aber auch in den zarten•

Heute ist Kapitän Fox fast milde geworden, vielleicht ist es das Alter, er ist immerhin inzwischen über vierzig, vielleicht liegt es aber auch daran, dass er eine Frau getroffen hat, die den Grund des zweiten Stuhls auf seinem Balkon begriffen hat. Die beiden machen das alles sehr gut miteinander, und ich weiß manchmal nicht, wer mich mehr rührt: Sie, weil sie echt eine Menge aushält mit ihm (muss man als Kumpel ja nicht, da geht man halt einfach). Oder mein alter Freund, der sich wirklich anstrengt, damit sie nicht noch mehr aushalten muss. Ich habe den Eindruck, er versucht für sie ein besserer Mensch zu sein, was das Ganze noch rührender macht, denn er ist ein wundervoller Mensch, nur manchmal eben etwas unzivilisiert, gerade wenn es um Frauen geht●

Und da habe ich viele gesehen. Frauen kamen, Frauen gingen, mal waren sie fasziniert, mal er, aber er schaffte es irgendwie immer, sich zu benehmen wie ein Holzklotz im Seidenladen. Das war alles nicht einfach für die Frauen an Kapitän Fox' Seite. Mir tat das leid für alle Beteiligten, aber ich sah es mir eben nur aus sicherer Entfernung an und dachte oft: Puh. Wenigstens der Kelch ist an mir vorübergegangen. Denn das ist vielleicht das Beste an Kapitän Fox: Ich habe mich nie in ihn verliebt.

Gangster *of Love*

Der dressierte Mann, oder: Mein Gott, ist das langweilig

Jetzt habe ich von elf Männern aus meinem Leben, und acht prominenten Vertretern dieser Gattung erzählt, die offensichtlich etwas ganz Besonderes an sich haben oder hatten. Etwas, das man vielleicht nur schwer fassen kann, aber wenn sie vor einem stehen, merkt man sofort, dass da was ist, gegen das man sich nicht so einfach wehren kann, und das ist schlecht. Mag sein, dass sie deshalb nicht wahnsinnig gut in die Welt der Ehemänner und Schwiegersöhne passen, aber das macht sie nicht zu bösen Menschen oder schlechteren Männern. Es macht sie nur zu Typen, die man mit etwas Vorsicht genießen sollte. Dafür braucht es einen geschulten Blick (den haben Sie nach diesen Beispielen jetzt hoffentlich), etwas Risikobereitschaft und eine gute Freundin, die einen rechtzeitig klar und deutlich stoppt: »Halt. Der verarscht dich.«

Falls er das tun sollte. Muss ja alles auch gar keine Absicht sein. Der hat ja nur die Herzensbrecherlizenz in der Tasche und macht was daraus.

Das Einzige aber, was man immer bedenken muss, wenn man vor einem Streuner steht und noch nicht so recht weiß, ob man ihm jetzt verfallen soll oder nicht, ist:

Es könnte alles noch viel schlimmer und gefährlicher kommen.

Wenn man nämlich das komplette Gegenteil von einem Streuner erwischt. Ein domestiziertes Haustier. Den dressierten Mann. Das ist die Hölle. Dann ist zwar das ängstliche Herzchen schön von vorne bis hinten abgesichert, damit nur ja nichts passiert, aber der Rest vom Schützenfest auch. Mag sein, dass sich das nach einer luxuriösen und komfortablen und sehr gemütlichen Situation anhört, aber: Es ist nur ein anderes Bild für Langeweile. Zähfließende, ermüdende Langeweile. Die vollständige Lähmung des romantischen Muskels. Und das ist nun wirklich eine durch und durch grauenvolle Vorstellung, oder?

Das perfide am dressierten Mann ist, dass er manchmal viel schwieriger zu identifizieren ist als der gemeine Herumtreiber. Den Herumtreiber erkennt man ja intuitiv, man weiß es einfach, wenn man einen vor sich hat. Das Herz klopft dann so enorm.

Trifft man einen dressierten Mann, klopft da gar nichts, man könnte also ungerührt an ihm vorbeigehen. Aber hin und wieder zieht da doch etwas und lässt einen kurz innehalten und überlegen: Sollte ich hier verweilen? Und wenn dann nicht im gleichen Moment ein schicker Asphaltcowboy daherkommt und einem beherzt aus der Nummer heraushilft, bleibt man kleben.

Warum nur? Was kann aufregende Frauen zu langweiligen Männern hinziehen? Da gibt es zwei Möglichkeiten:

1. Der Langweiler simuliert einen heißen Typen.

2. Die Frau will dringend heiraten/Kinder kriegen/ein Einfamilienhaus. Und vor nicht allzu langer Zeit hat ihr einer von den heißen Typen das Herz gebrochen.

Schauen wir uns die beiden Fallen doch mal an:

Die Simulation.

 **Der Langweiler** gibt sich nicht freiwillig als solcher zu erkennen. Er trägt weder Polohemden noch zu hoch sitzende Jeans, er hat keine Frisur und auch keinen asiatischen Mittelklassewagen. Er wohnt nicht in der Vorstadt und auch nicht bei seinen Eltern. Und er redet auch gar nicht permanent. Würde nicht das Herzklopfen fehlen, könnte man meinen, man hätte zumindest eine durchschnittlich coole Sau vor sich. Das Blöde an Frauen: Sie wünschen sich manche Dinge oft so heftig, dass sie es dann auch mit der Wahrheit nicht so genau nehmen. Heißt: Ich merke zwar, dass der Typ nicht so spannend ist, wie ich ihn gerne hätte, aber – Schwamm drüber, wird vielleicht noch. Und von außen betrachtet macht er schon was her. Hat genügend Attribute, die ich meinen Freundinnen als supersexy verkaufen kann, und wenn ich das nur lange und häufig genug tue, glaub ich's irgendwann auch selbst•

Dieser innere Monolog kämpft sich natürlich erst nach einer gewissen Zeit an die Oberfläche,

Gangster *of Love*

wenn man so langsam einen Haufen Gründe sammelt, um sich von dem Langweiler wieder zu verabschieden. Und einer davon ist eben häufig, dass das Ganze ein gigantischer Selbstbeschiss war. Würde man sich natürlich im Moment des Betrugs nie eingestehen. Und, wie gesagt, er simuliert ja auch ganz gut:

Trägt die Haare zottelig und die Wangen unrasiert (Haare sind allerdings frisch gewaschen. Oder, noch schlimmer: gestylt). Trinkt total viel Bier (Achtung: Handelt es sich dabei um Sissi-Bier à la Becks Green Lemon?). Reißt in einer Tour Witze (leider schlechte). Seine Kumpels sind allesamt Polohemdenträger. Geht IMMER zum Fußball. (Dass er Bayern-München-Fan ist, erwähnt er aber nur in einem Nebensatz, irgendwas mit seinem Vater. Das vergisst man dann gleich wieder, weil man glaubt, man habe sich verhört. Aber es ist grauenvoll.)

Wenn einem also eine gute Straßenköter-Simulation begegnet und man nicht genau genug hinschaut, kann man schon mal darauf reinfallen, und am Ende steht der Engtanz mit einem echt öden Exemplar von Mann, obwohl das überhaupt nicht so geplant war. Denn auch Langweiler ergreifen natürlich ihre Chance, die sind ja nur langweilig und nicht blöd.

Kann also passieren so was. Ist aber nicht so wild, passiert den besten Frauen. Und nach spätestens einem halben Jahr, wenn man gerade beim Sex eingeschlafen ist, sieht man endlich auch selbst ein, was hier gespielt wird, und dann ist es meistens auch schnell ausgestanden. Komplizierter und am Ende weit weniger leicht wieder aufzulösen wird es, wenn Fall zwei eintritt:

Die Frau ist auf der Suche nach Ehemannmaterial. Passiert meistens dann, wenn zwei oder drei Freundinnen gleichzeitig schwanger werden/heiraten/mit ihren Freunden zusammenziehen. Nistet sich klammheimlich im Kopf ein. Ist eher eine Angst als ein Wunsch, nämlich: Was, wenn ich alleine bleibe? Was, wenn ich den richtigen Zeitpunkt verpasse um einen Mann zu finden, ein Haus zu bauen, ein Kind zu bekommen? Was, wenn der Zeitpunkt *jetzt* ist? Was, wenn meine Freundinnen etwas haben, das ich nicht habe?

Dieser Angst liegt natürlich der Irrtum zu Grunde, dass eine Frau ohne Mann und ohne Kind kein erfülltes Leben führen kann, was ja bekanntlich totaler Schwachsinn ist. Totaler Schwachsinn, der offiziell aber leider oft immer noch gilt, und deshalb schleicht er sich auch bei vielen Frauen immer noch so hinterlistig in die Köpfe, und dann passiert es eben, dass echt coole Tanten an echt langweiligen Versagern klebenbleiben, die sonst nicht mal den Schimmer einer Chance hätten, an solche Frauen heranzukommen. Schlimm. Und so geht das dann:

Die Frau nimmt sich nicht einmal die Zeit, ein anständiges Casting zu veranstalten. Sie lässt einfach den erstbesten Schluffi in ihr Leben, der sich dafür nicht mal anstrengen muss. Wichtig ist lediglich, dass er einigermaßen interessiert wirkt. Es reicht, wenn er auf einer Party auftaucht und mal guckt. Das Perverse: Je langweiliger der Langweiler ist, desto besser. Die Frau will ja explizit niemanden, der ihr gefährlich werden könnte, am Ende vielleicht sogar so gefährlich wie der Typ, der ihr vor ein paar Wochen das Herz aufgerissen hat. Sie will einen, der zahm ist und tut, was sie sich wünscht – und zwar dalli. Und dabei ist es völlig egal, ob er ihr gefällt, er muss ihr nur gefallen wollen, denn seine Bereitschaft ist alles, was zählt. Der Langweiler wird kaum glauben können, wie ihm geschieht, blöderweise hat er keine Freunde, denen er von diesem Wunder berichten kann. Dass er noch in derselben Nacht mit dieser wunderschönen Frau im Bett landet! Dass er dann gar nicht so genau weiß, was er da soll – egal, denkt sie sich, sie hat doch schon ganz andere Dinge hingekriegt, oder?

Wenn sie Glück hat, funktioniert ihr schöner Plan nicht. Sie wird nicht schwanger, sie ist es auch nach einem knappen Jahr noch nicht, und erst ist sie sich dann doch nicht mehr sicher mit der Eigentumswohnung und der Hypothek, dann spricht sie über die vielleicht etwas zu fixe Verlobung plötzlich überhaupt nicht mehr, sie tut fast so, als wäre das gar nicht passiert (wo hat sie nur ihren Ring hingelegt?), und irgendwann hält sie es einfach nicht mehr aus mit ihm und seinem Dackelblick und gibt das Projekt auf. Die Freundinnen, die bis dahin taktvoll den Mund gehalten haben (sie wa-

ren es ja, die die Arme erst in diese missliche Situation gebracht haben), atmen nun auf und schicken Blumen und Glückwünsche.

Wenn sie aber Pech hat, funktioniert es. Sie heiratet, kauft ein Reihenhaus, bekommt ein Kind. Und keiner sagt was, keiner warnt sie, obwohl alle es sehen. Konsens: So ist sie wenigstens nicht alleine. (Schwachsinn. Siehe oben.) Dabei wird sie in ein paar Jahren, wenn ihr Kind sie nicht mehr dringend braucht und sie den Langweiler an ihrer Seite so wenig erträgt, dass sie ihn nicht mal mehr ansehen kann, ganz furchtbar alleine sein. Abends, vor ihrem offenen Kamin, mit ihren Tabletten, ihrem Glas Rotwein und ihrer Sehnsucht nach jemandem, der sie wieder lebendig macht.

So. Und jetzt trocknen wir alle unsere Tränchen und sind froh, dass es so weit ja nicht kommen muss. Falls es doch passiert sein sollte: Herzliches Beileid. Denn egal, wie es schließlich dazu kam, es kann einen wirklich verrückt machen, wenn man ein domestiziertes Männchen an seiner Seite hat. Der shampooniert sich jeden Tag die Haare. Der heult, wenn zwei sich streiten. Der trägt Hausschuhe. Und Strickjacken. Der ist so lieb, der macht aus einer Rockbrautwohnung ein Wattepad, der hängt auch überall Ikea-Vorhänge auf, und dann kann man nicht mehr herausschauen und kriegt bald keine Luft mehr, aber das merkt man nicht einmal. Das einst wilde Herz kriegt einfach immer weniger Sauerstoff und verklebt Stück für Stück, und MAN MERKT DAS ALLES EINFACH GAR NICHT. Man weiß nicht mehr, wie zur Hölle man in diesen Käfig gekommen ist, aber jetzt sitzt man darin und guckt doof und hält sich an den Gitterstäben fest, und wenn man dann fragt, ob man mal herausdarf, bestimmt der Langweiler:

»Nein. Der Käfig bleibt zu. Den habe ich extra für dich gemacht, das weißt du doch. Außerdem bin ich der perfekte Mann. Ich bin immer nett. Ich nehme dich andauernd in den Arm, ob du willst oder nicht. Mit mir kann man auch mal auf dem Sofa sitzen, sogar jeden Abend. Ich habe dich lieb. Du mich auch?«

Der Langweiler arbeitet gern mit dem schlechten Gewissen. Damit stellt er sicher, dass Widerstand

nur schwer aufkommt, denn gegen Widerstand –
wäre er erst mal da – wäre er machtlos. Dazu fehlt
ihm die Kraft, der Kampfgeist. Und so lebt man in
einer Blase aus Langweiligkeiten vor sich hin und
denkt: Na ja. Ist halt so. Wenigstens tut's nicht
weh.

Da beantwortet man auch bereitwillig ein paar
Fragen, wie: Wo warst du? Was hast du gemacht?
Findest du eigentlich, ich habe Humor? Hast du
mit anderen Jungs mehr Spaß als mit mir? Hast du
mich auch lieb? Und, ganz wichtige Frage: Was soll
ich denn jetzt machen?

Das ist natürlich nur ein Detail, und vermutlich
ist es auch unfair, darauf so herumzureiten, aber
das kann unfassbar nerven: Wenn ein erwachsener
Mann grundsätzlich nie weiß, was zu tun ist, was
er will und wie er dies oder jenes machen soll. Das
ist so erbärmlich, das ist so unsexy, das ist doch
furchtbar, wenn jemand lieber gar nichts macht
aus Angst davor, etwas falsch zu machen.

Es braucht eben zumindest ein kleines Leck-
mich-mir-doch-egal-Ding im Menschen, damit er
das Leben auch mal bei den Eiern packt, damit

er mutig sein kann und lebendig, mit Strahlkraft und Hotness. Und das ist weder männlich noch weiblich, das ist einfach nur ein aufregendes Stück Menschlichkeit. Dem dressierten Mann fehlt vielleicht genau das, so ein Drang.

Woher die Dressur kommt? Wer daran eigentlich schuld ist? Keine Ahnung, ich bin kein Psychologe. Ich bin nur ein Mädchen, das sagt, was es fühlt. Und ich fühle: Das hat irgendwas mit der Mutter zu tun. Langweilige Männer haben merkwürdige, oft ängstliche Mütter. Und unsympathische Väter.

Vielleicht liegt es also auch am Vater.

Was weiß denn ich?

Die Superstreuner wiederum haben vermutlich ein ganz anderes Problem. Aber das will man ja erst recht nicht wissen. Dafür machen sie auch einfach zu viel Spaß.

Das Herz von
Sankt Pauli

Fangen wir mit einem Tusch an: Tataa!

Es gibt sie nämlich. Die Männer, mit denen man ein aufregendes, lustiges, lebendiges Leben führen kann, auf Augenhöhe und in entspannter Freude.

Einer von ihnen wohnt in Hamburg auf Sankt Pauli, in einer kleinen Straße mit Kopfsteinpflaster und bunten Häusern und einem der wenigen Gelötefachmärkte, die es in deutschen Großstädten noch gibt. Aufgewachsen ist der Mann an der Küste in Flensburg, da weht oft ein strammer Wind, das hört man an seiner Stimme, die ist direkt und klar und norddeutsch. Und ich kenne niemanden, der so schnell Bier trinken kann. Sein Blut stammt aus Italien, aus dem armen Süden. Inzwischen gibt es da viel Liebreiz, das kommt von den Olivenhainen und dem Ökotourismus. Aber als seine Eltern jung waren und Süditalien in Richtung Ostseeküste verließen, gab es in ihrer Heimat so gut wie nichts. Nur den Hunger und die Mafia. Und manchmal schlägt das durch in seinem Gesicht, dass das Leben hart war, dort wo sein Vater geboren wurde.

Er hatte mal schwarzes Haar, schwarz wie Kohle, heute ist es halb schwarz, halb silbern. Es ist nicht glatt und nicht lockig. Es ist struppig.

Er rasiert sich nur einmal die Woche, immer sonntags, vor dem Abendessen. Den Rest der Woche wächst der Bart, mittwochs und donnerstags ist das dann ein Dreitagebart nach Vorschrift, freitags und samstags einer für ernsthafte Ganoven.

Er ist nicht groß, aber groß genug für einen männlichen Gang, einen guten Blick und eine stabile Straßenlage.

Er trägt dunkle Anzüge, im Sommer auch mal helle, und wenn er auf die Anzugnummer keine Lust hat, sieht man ihn in einigermaßen engen Jeans, einem alten Hemd und Lederjacke. Drunter: Trägt er Shorts und die Rippenunterhemden seines Vaters auf.

Er besitzt eine amtliche Batterie Lederschuhe und zwei paar braune Stiefeletten. Er weiß: Cowboystiefel sehen gut aus, aber nur an Cowboys, an

drahtigen, kantigen Männern mit blondem Bart, so wie sein Freund Geschmeido einer ist. Italiener sollten Stiefeletten tragen.

An seinem linken Ringfinger steckt ein goldener Ring mit einem schwarzen Stein, ein Männerring. Geschenk von Tante Cosima. Um sein rechtes Handgelenk: manchmal ein silbernes Armband, aber eher im Sommer als im Winter. Geschenk von Cousine Matilde.

Sein Körper ist der eines Vierzigjährigen, massiver als noch vor zehn Jahren, aber das muss auch so sein, mit angemessener Brustbehaarung und diesen Unterarmen, die bei Männern erst jenseits der dreißig zu finden sind, und dann auch nur, wenn man Glück hat: schlank und gleichzeitig kräftig, mit leicht sehnigen Adern unter der Haut und schwarzen Haaren auf der Haut, aber von beidem nicht zu viel. Die Hände dazu bilden das perfekte Ende: zart und hart zugleich, man traut ihnen nicht ganz und traut ihnen doch eine Menge zu, das macht sie aufregend und geheimnisvoll, da kann man kaum wegschauen, so schön sind die.

Und das Gesicht? Ist schwer zu beschreiben.

Süditalienisch eben. Fein und stolz, mit einer gerade geschnittenen Nase, spöttisch geschwungenen Lippen und elegant geraden Augenbrauen über mandelförmigen grünbraunen Augen, umrahmt von dichten, dunklen Wimpern. Haut: im Winter blass, im Sommer oliv. Insgesamt eher die sizilianische Abteilung als die neapolitanische, vielleicht mit einem leichten Sarazeneneinschlag.

Und so läuft er dann durch die Straßen von Sankt Pauli. Er selbst nennt es »gockeln gehen«: von hier nach da spazieren, hier einen Kaffee trinken, schnell und im Stehen, da einen Schnack halten, bitte mit ein paar Kalauern und natürlich immer schön den Frauen hinterherschauen, und wenn ihm eine gefällt, sieht man ihm das auch an•

Am Abend zu Hause, wenn er privatisiert, macht er das in gestreifter Pyjamahose und Unterhemd. Dann steht er in der Küche und bereitet sich einen Teller Pasta zu und hört das Sportprogramm im Radio. Freut sich, wenn Juventus Turin, der SSC Neapel oder der FC St. Pauli eine Siegesserie haben. Oder auch der HSV. Er ist da nicht so dogmatisch.

Überhaupt reagiert er eher intuitiv und spontan aufs Leben. Locker im Schritt. Verfolgt keinen großen Plan. Improvisiert. Ist dankbar für das Dach über seinem Kopf, für den Job und das gute Aussehen und die Liebe in seinem Leben, und der Rest ergibt sich. Wird man dann schon sehen, was da noch so kommt.

Wenn er großen Durst hat, trinkt er ein Bier. Ich habe ja schon angedeutet, wie schnell das dann geht, dass die Flasche leer ist. Das geht unglaublich schnell. Ansetzen, laufen lassen, drei-, viermal schlucken, ahhh, Bier is' alle. Als ich das zum ersten Mal sah, dachte ich, der macht Witze. Inzwischen weiß ich: Das war kein Witz. Das ist einfach nur seine Art, Bier zu trinken. Das kommt wohl von der Küste.

Vielleicht kommt es aber auch von früher, als er Nacht für Nacht mit seinen Jungs unterwegs war. Bis sechs, sieben, acht, links unten im Keller waren sie dann, mit dicken Beats und Tabletten und Weibern und Bier, Bier, Bier. Da musste es eben schnell gehen. Und dann mit glasigen Augen und weicher Birne hingelegt und mit einem zähen Schmerz den nächsten Tag durchlitten, und zack ruft mitten in der Nacht der Kollege aus Kiel an und will Alarm machen, ein Notfall, und dann halt wieder raus, wieder links runter in den Keller und rummsdi, weitergemacht. So war das. Zwanzig Jahre lang. Durch die Nacht gestürmt, rastlos und ruhelos und gerne im Rudel und bestimmt so manches Herz geknickt.

Er kann ja auch sensationell tanzen. Da wird man ganz matschig hinterm Bauchnabel. Manchmal tanzt er noch, alle paar Monate, wenn jemand eine große Party feiert. Oder in seinem Wohnzimmer, dann legt er seine Platten auf und tanzt. Das ist dann ein bisschen wie bei John Travolta in »Pulp Fiction«: Sockfuß und leicht wehmütig wegen der vergangenen Jugend, aber am Grinsen sieht man, dass der Spaß die Wehmut überwiegt und es gar keine Stiefeletten an den Füßen braucht, um sich zu bewegen, als hätte man welche an.

Später, auf dem Sofa oder in der Küche am Fenster, in der schummrigen, müden Beleuchtung der frühen Nacht, kommt dann der Italiener zum Vorschein. Die Dunkelheit und der Süden, in Gesichtszüge gegossen. Eine Traurigkeit, die es schon seit

Generationen gibt und offensichtlich einfach wei-
tervererbt wird, gepaart mit einem Funkeln in den
Augen, das zu sagen scheint: Warte nur, gleich bin
ich wieder obenauf. Spätestens morgen.

Ich glaube, das sind die Momente, in denen er
an Zeiten denkt, die schwieriger waren. Als er was
auf die Schnauze gekriegt hat vom Leben, als es
Tiefschläge gab, die Selbstachtung dahin war und
die Seele düster. Er weiß, dass ein schönes Leben
keine Selbstverständlichkeit ist. Er weiß den Frieden zu schätzen. Das macht einen Teil seiner Größe
und Männlichkeit aus. Er jammert nicht (außer, er
hat Hunger). Er fühlt sich weder ungerecht behandelt von der Welt noch zu kurz gekommen. Er ist
sich und den Menschen ein Freund, vielleicht ist er
auch nur versöhnt, auf jeden Fall ist ihm bewusst,
dass er selbst die Verantwortung für sich trägt und
dass er die nicht wegschieben kann. Das macht ihn
unabhängig und frei. Das gibt ihm die Fähigkeit zu
lieben, freiwillig, ohne jemanden zu brauchen. Das
macht ihn sehr, sehr sexy.

Als meine Mutter ihn zum ersten Mal traf, be-
trank sie sich vor Aufregung, nahm mich zur Seite

und sagte, den könne ich ihr auch mal alleine vorbeischicken. Meine Mutter ist siebzig. So sexy ist der. Und mein Vater liebt ihn, weil »mit dem kann man wenigstens mal so richtig schön über Autos reden«.

Ich finde, und das habe ich noch bei keinem Mann so gesehen: Am heißesten ist er, wenn er ein Kind auf dem Arm hat. Dieses Bild hat so viel Leben und Liebe und Selbstverständlichkeit, da dreht meine Seele Pirouetten, wenn sie das sieht. Vielleicht ist das sein Geheimnis: Er ist fürs Leben gemacht. Oder wehrt sich zumindest nicht gegen das Leben, und dass es manchmal einfach passiert. Nimmt die Dinge, wie sie sind, und wenn es regnet und ich eine Schnute ziehe, sagt er: Ach komm, ist doch nur Regen. Und trotzdem kann er sich unbändig über die Sonne freuen•

Manchmal denke ich, er ist wie einer von diesen grau getigerten Katern, diesen großen, selbstbewussten, die auf elastischen Pfoten durch die Gassen streifen oder stundenlang auf Mauern sitzen und gucken und die Schnurrhaare in den lauen

Wind halten. Die draußen im Asphaltdschungel ordentlich den dicken Max machen. Aber auch nichts dagegen haben, zu Hause am warmen Ofen zu liegen, weil das auf der Straße haben sie nun wirklich zur Genüge gesehen, so wichtig ist das nun auch nicht mehr.

Und dann schnurren sie so schön.

Danke:

Dominik Wichmann und der Redaktion des SZ-Magazins, für den Anstoß und die Schubkraftverstärkung•

Tobi, für den Gedanken.

Werner Löcher-Lawrence, für einfach nicht lockerlassen.

Franziska Beyer für die wirklich angenehme Zusammenarbeit.

Domenico, für die Großzügigkeit und den Frieden und das Lachen, und dafür, dass du mit einer Zigeunerin wie mir das Leben teilst.

Außerdem ein liebevolles Dankeschön für die wunderbaren Nächte, Tage, Momente – und für die Inspiration: Mirko, Michelle, Franck, Kay, Flo, Aleks, Mattow, dem Zimmermann, Sascha, Marcello und (the one and only) Achim.